AF257170

LES

PRINCIPAUTÉS

DE MOLDAVIE ET DE VALACHIE

DEVANT

LE CONGRÈS

PAR

PAUL BATAILLARD

ARCHIVISTE-PALÉOGRAPHE

PARIS

TYPOGRAPHIE DE CH. LAHURE

IMPRIMEUR DU SÉNAT ET DE LA COUR DE CASSATION

rue de Vaugirard, 9

1856

LES PRINCIPAUTÉS

DE VALACHIE ET DE MOLDAVIE

DEVANT

LE CONGRÈS.

Attentif depuis plus de dix ans aux événements qui se succèdent sur les bords du Danube, ayant le rare privilége de connaître la Moldo-Valachie, non-seulement par les études qui me portaient vers cette terre foulée par tant de races, mais par de longues relations avec un grand nombre des plus dignes représentants de cet infortuné pays, j'ai cru pouvoir apporter quelques lumières dans la première question que vont débattre les délégués des grandes puissances de l'Europe. Tel a été, du moins, le sentiment des amis roumains qui m'ont engagé à prendre la plume. Eux et moi, par malheur, nous y avons songé un peu tard; et, pour ne pas arriver lorsque tout sera décidé, j'ai dû renoncer tantôt à me développer, tantôt à me condenser davantage, et à donner à cet écrit une forme plus correcte. Tel qu'il est, Dieu veuille qu'il ne soit pas tout à fait inutile!

Les questions que je traite ici sont, à n'en pas douter, les plus capitales que comportent les circonstances actuelles; et je les crois mal connues dans nos pays de l'Occident : c'est ce qui m'a décidé. Forcément étranger aux débats de la politique quotidienne, j'ai pensé que, dans un moment où vont se décider de grandes destinées, je pouvais mêler utilement ma voix inconnue à celle des intérêts du jour sans l'y confondre, l'élever au-dessus des luttes de partis dans lui faire perdre son accent. Lorsqu'il s'agit du sort d'un peuple qui, du fond de sa misère et des extrémités de l'Orient, vient identifier sa cause avec la nôtre, et vers lequel se tournent, par

LES PRINCIPAUTÉS

DE VALACHIE ET DE MOLDAVIE

DEVANT

LE CONGRÈS.

Attentif depuis plus de dix ans aux événements qui se succèdent sur les bords du Danube, ayant le rare privilége de connaître la Moldo-Valachie, non-seulement par les études qui me portaient vers cette terre foulée par tant de races, mais par de longues relations avec un grand nombre des plus dignes représentants de cet infortuné pays, j'ai cru pouvoir apporter quelques lumières dans la première question que vont débattre les délégués des grandes puissances de l'Europe. Tel a été, du moins, le sentiment des amis roumains qui m'ont engagé à prendre la plume. Eux et moi, par malheur, nous y avons songé un peu tard; et, pour ne pas arriver lorsque tout sera décidé, j'ai dû renoncer tantôt à me développer, tantôt à me condenser davantage, et à donner à cet écrit une forme plus correcte. Tel qu'il est, Dieu veuille qu'il ne soit pas tout à fait inutile!

Les questions que je traite ici sont, à n'en pas douter, les plus capitales que comportent les circonstances actuelles; et je les crois mal connues dans nos pays de l'Occident : c'est ce qui m'a décidé. Forcément étranger aux débats de la politique quotidienne, j'ai pensé que, dans un moment où vont se décider de grandes destinées, je pouvais mêler utilement ma voix inconnue à celle des intérêts du jour sans l'y confondre, l'élever au-dessus des luttes de partis dans lui faire perdre son accent. Lorsqu'il s'agit du sort d'un peuple qui, du fond de sa misère et des extrémités de l'Orient, vient identifier sa cause avec la nôtre, et vers lequel se tournent, par occasion, les sympathies de l'Occident ; lorsqu'il s'agit, tout à la fois, de résoudre une question qui tient l'Europe en alarme depuis un demi-siècle, et de prévenir le retour des complications désastreuses qui viennent de mettre le deuil dans tant de familles, il ne doit rester dans une âme française qu'un sentiment, l'amour de l'humanité, qu'une idée, le salut de la civilisation.

Dans cet écrit, où j'ai la certitude d'être l'interprète des vœux et des espérances du peuple Moldo-Valaque, en même temps que j'ai la conscience de représenter les intérêts de mon pays, ceux de l'Occident, et ceux même de toute l'Europe, j'avais un double devoir à remplir : exprimer dans leur généralité les vérités que je crois fécondes sur la politique nouvelle à suivre en Orient ; mais aussi, au risque de les restreindre, les approprier aux conditions du moment, pour leur donner quelque chance de succès ; c'est à cette dernière tâche que je me suis surtout appliqué.

Ainsi, cet écrit est destiné aux diplomates autant qu'au public ; nous voudrions pouvoir dire — à tous les diplomates ; nous voudrions, dans une cause si générale, pouvoir adresser un égal appel de logique et d'équité aux délégués de toutes les puissances réunies au Congrès. Mais il est manifeste que les trois nations alliées sont les seules qui représentent aujourd'hui, dans la question d'Orient, les intérêts européens sans mélange d'intérêts contraires ; et c'est pourquoi il n'appartient qu'à elles de faire prévaloir la vraie solution. Dans ce qui touche les Principautés, l'intérêt hostile de la Russie est assez évident, puisque ces deux pays ont été en partie l'occasion et l'objet de la guerre, et doivent être un des principaux points sur lesquels reposera la conclusion de la paix. Les intérêts particuliers de l'Autriche dans cette question ne sont pas moins certains ; et, pour ne pas entrer ici dans des explications qui trouveront leur place plus loin, il nous suffira de citer, en preuve, l'empressement qu'elle a mis à occuper la Moldo-Valachie au moment où les Russes l'évacuaient ; ce simple fait donne l'image exacte de sa politique. Quant à la Turquie, il ne nous sera pas difficile d'établir que son intérêt est entièrement conforme à celui du peuple moldo-valaque, et plus directement attaché, que celui d'aucune puissance étrangère, au développement de cette nationalité ; mais il serait puéril de dissimuler que la Turquie a souvent méconnu ses propres intérêts les plus vitaux, et nous avons à craindre que, soit sous l'influence de l'Autriche, soit par un reste de vieux préjugés, ou plutôt encore sous la double action de ces deux causes se prêtant un mutuel appui, elle ne fasse obstacle au moyen, cependant le plus efficace, de mettre fin à ses démêlés avec la Russie, et de déjouer aussi les convoitises de l'Autriche.

C'est donc seulement sur les trois puissances alliées que nous pouvons fonder notre espoir, et c'est à elles que nous nous adressons.

Avant d'entrer en matière, quelques mots, à l'adresse du public, sur le peuple qui va surtout nous occuper.

La race *roumaine*, qui peuple non-seulement la Valachie et la Moldavie (sans oublier la Bessarabie et la Bukowine, portions détachées de la Moldavie), mais qui s'étend aussi sur la Transylvanie et le Banat, et qui compte des membres épars en nombre considérable, de l'autre côté du Danube, dans la Turquie d'Europe, est une race toute latine, comme son nom l'indique; le territoire qu'elle occupe en masse compacte, et que nous venons de circonscrire, est à peu près l'ancienne Dacie Trajane. Ainsi ce peuple roumain est frère des nations de l'Occident continental, par ses origines, ses traditions toujours vivantes, sa langue admirablement conservée au milieu de tant de vicissitudes. Si nous ne devions nous resserrer ici dans les plus courtes généralités, nous ajouterions, car c'est là un trait de conformité singulier avec la France, que la race latine paraît s'être entée en Dacie sur des débris celtiques. Quoi qu'il en soit, les Roumains sont comme un îlot de l'Occident, providentiellement jeté au milieu de la mer des populations diverses qui couvrent l'Europe orientale. Pour nous restreindre à ceux de la Moldo-Valachie, il suffit de jeter les yeux sur une carte, pour voir qu'ils séparent nettement les deux grandes branches de la race slave, les Slaves du nord (Russes, etc.), et les Slaves du midi (Serbes, Bulgares, Bosniates, Monténégrins, Illyriens, Croates, etc.). C'est un point important qu'il ne faut pas perdre de vue dans toute la question d'Orient, car il doit nous donner en partie le secret des répulsions que le czar a trouvées dans les Principautés, et des efforts qu'il a faits pour empiéter sur ce pays, en vue de se mettre en relation directe avec les populations slaves et grecques sur lesquelles s'exerce sa double propagande orthodoxe et panslaviste, — comme aussi il doit nous expliquer les aspirations des Moldo-Valaques vers les nations occidentales, et l'appui solide que nous sommes assurés de trouver chez eux.

On sait, en effet, que presque toutes les populations grecques et slaves de la Turquie d'Europe (les Bosniates et une partie des Albanais exceptés) appartiennent, aussi bien que les Moldo-Valaques, au culte chrétien du rite grec ou orthodoxe, dont le czar s'est fait le patron.

Pour compléter ces indications sommaires, nous ajouterons que la Valachie renferme environ 2 millions et demi d'habitants, la Moldavie 1 million et demi, et la Bessarabie, que l'on projette de rendre au moins en partie aux Principautés, 1 million; total, pour ce seul groupe de Roumains, 5 millions au moins.

I.

BUT A ATTEINDRE CONTRE LA RUSSIE ET L'AUTRICHE.

Quel était l'objet de la guerre? Quel doit être l'objet de la paix? D'arrêter la Russie dans ses projets séculaires d'envahissement du côté de l'Orient. Pour se rendre compte des moyens d'atteindre le but, en ce qui touche les Principautés, il suffit de rappeler les moyens que la Russie a employés avec une si prodigieuse persévérance pour marcher à l'accomplissement de ses desseins; ils ont été de trois sortes :

1° Les moyens moraux, la propagande incessante, qui tend à faire considérer le czar par toutes les populations non turques de la Turquie, c'est-à-dire par les populations de la Turquie d'Europe presque entière, comme le protecteur et le futur sauveur de la religion et de la nationalité : c'est ainsi que la Russie a fomenté le mouvement hétairiste, le mouvement panslaviste; c'est ainsi qu'elle a soulevé la question des lieux saints; et c'est ainsi qu'elle tient encore sous son influence la masse principale des nations gréco-slaves de l'Europe orientale A cet égard, il faut le dire, on conçoit l'erreur de ces populations et le succès des intrigues russes. La vérité est que la Russie est, de toutes les puissances européennes et chrétiennes, celle qui a toujours paru s'intéresser le plus à leur sort; c'est à elle notamment qu'a été due en grande partie l'indépendance de la Grèce, et, à elle seule, la demi-indépendance de la Servie. C'est que tous les moyens sont bons à la Russie, c'est qu'en effet elle sera prodigue, non-seulement de promesses, mais de bienfaits réels et de libertés même pour les peuples qu'elle veut asservir, jusqu'au jour où, son but atteint, elle les tiendra sous sa main de fer.

2° Il faut ajouter les moyens diplomatiques, qui, en même temps qu'ils doivent faire éclater aux yeux des populations chrétiennes de l'Orient la puissance de la Russie et l'intérêt qu'elle leur porte, ont continuellement pour objet de créer des points de litige entre elle et la Turquie, des prétextes pour intervenir entre cette dernière puissance et les populations soumises au croissant. Tel est le but principal du protectorat russe dans les Principautés, tel est le dessein de toutes les stipulations relatives à la Valachie et à la Moldavie, insérées dans les divers traités des deux puissances rivales, dessein merveilleusement servi, il faut le dire, par la situation de suzeraine que la Turquie se trouve avoir dans ces Principautés.

3° Mais ces deux actions propagandiste et diplomatique ne suffisent pas encore à expliquer la situation de la Russie à l'égard de la Turquie, le degré auquel elle est parvenue à entamer sa puissance et la facilité avec laquelle elle entre de plain-pied sur son territoire, chaque fois que sa politique la pousse à une invasion. A ces deux moyens généraux, elle a dû joindre des moyens plus particuliers, des plans stratégiques dont le principal objet a été réellement de s'assurer le libre accès de la Turquie par les Principautés. Ainsi, à mesure que nous pénétrons plus avant dans la question, nous voyons l'action de la Russie se resserrer et se concentrer plus spécialement sur le pays moldo-valaque. En effet, il importe essentiellement à la Russie, dans ses plans d'agression contre la Turquie, de pouvoir mettre tout de suite le pied chez son ennemie sans rencontrer aucun obstacle, et elle a employé toute son habileté à obtenir ce résultat. Pour l'atteindre, l'action de la propagande était insuffisante et presque stérile. La propagande russe n'a plus et ne peut plus guère avoir en Moldo-Valachie d'action sérieuse. Indépendamment des instincts de race et des aspirations nouvelles qui entraînent ce pays vers l'Occident, la Russie, à cause de son voisinage immédiat, y est trop bien connue maintenant. Sans doute, elle se représente toujours, dans ses proclamations et dans les traités, comme la bienveillante protectrice des Moldo-Valaques ; mais depuis que ses cruelles invasions leur ont apporté tant de calamités, et depuis qu'elle s'est emparée elle-même d'une portion de ce territoire moldo-valaque dont elle avait garanti l'intégrité, elle ne peut plus, en Roumanie, tromper que le petit nombre de ceux qui ont un intérêt sordide à se lais-

ser sciemment tromper ; et il faudrait que, par un absolu déni de justice de la part des puissances occidentales, ce peuple fût réduit aux
dernières extrémités, pour que la Russie parvînt encore à l'égarer. —
La Russie ne pouvait donc s'appuyer sur les sympathies des Moldo-
Valaques pour lui ouvrir le chemin de la Turquie. — Mais précisément parce que le point d'appui moral lui manquait sur eux,
elle avait d'autant plus besoin de s'y créer une situation matérielle
très-sûre et très-forte, et pour cela il lui suffisait de les affaiblir.
Ainsi, l'action morale devait ici se transformer ; elle ne pouvait
plus s'appeler propagande, il importait qu'elle fût positivement
désorganisatrice et qu'elle opérât par tous les dissolvants. Ce qu'il
fallait au czar, dans les Principautés, c'était une nation non-seulement sans armées, mais sans armes, sans forteresses, sans finances, sans industrie, sans existence politique, sans développement intellectuel et moral, en un mot, sans tout ce qui donne à
un peuple la force et la vie ; et c'est à quoi, sous les faux semblants
d'une protection pleine de zèle pour la prospérité de ce pays, elle
s'est appliquée avec son habileté et sa persévérance accoutumées.
Nous n'énumérerons pas les procédés qu'elle a employés pour assurer ces résultats, par la double raison que les manœuvres de la
Russie sont maintenant percées à jour, et que la nécessité d'écarter toute action et toute influence de sa part est maintenant un
point de départ établi. Mais pour ne citer qu'un seul fait, qui
garde toute son importance, ne s'est-elle pas suffisamment dé-
masquée en allant jusqu'à priver les Principautés de leur frontière
du nord-est, de cette forte ligne du Dniester, qui faisait leur principale valeur stratégique, et qui devait être le véritable rempart
de la Turquie, comme celui des Moldo-Valaques eux-mêmes,
contre ses envahissements ? C'est qu'il lui faut, comme nous l'a-
vons dit, la certitude d'entrer là librement chaque fois que sa
politique le réclame ; sans cela, tout le fruit de ses efforts séculaires est presque anéanti. Outre qu'elle n'aurait pu abuser si
longtemps les nations occidentales sur le rôle de protectrice
qu'elle prétendait jouer dans les Principautés, si le pays avait pu
tourner sa force contre elle ; outre ce motif, qui perd aujourd'hui
de son importance devant l'Europe plus éclairée, la Russie en
avait bien d'autres : c'était par ses irruptions soudaines dans les
Principautés qu'elle pesait chaque fois sur les destinées de l'empire ottoman, qu'elle intervenait comme médiatrice entre la Porte
et les peuples chrétiens, et qu'elle maintenait parmi eux son pres-

tige, en ruinant moralement l'autorité du sultan; c'était là aussi qu'elle entretenait sans frais ses armées, les Principautés étant réellement ses greniers d'abondance pour chaque campagne. Mais la raison capitale de l'importance que la Russie attachait au libre accès des Principautés, et ce qui rend très-vraisemblable l'opinion accréditée que le but prochain de sa récente entreprise contre la Turquie était de s'emparer définitivement de leur territoire, c'est que par là elle se mettait en communication directe et permanente avec les Slaves méridionaux. La Moldo-Valachie, en effet, avec ses cinq millions d'habitants de race latine, demeurait la seule barrière morale qui la séparât de cette masse de populations qui, malgré les efforts de quelques Slaves intelligents, sont toujours prêtes à se lever à son appel; et cette barrière morale pouvait toujours, à la faveur de quelque circonstance imprévue, comme il avait failli arriver en 1848, se changer pour la Russie en obstacle matériel. Le plus sûr était donc pour elle de réduire définitivement ce pays sous sa domination. Ainsi, affaiblir les Moldo-Valaques jusqu'à l'impuissance, et finalement les faire passer sous le joug, tel était le but prochain de sa politique en Orient. Les Principautés étaient et sont encore pour elle la clef de la Turquie d'Europe.

Avant de tirer la conclusion des considérations qui précèdent, remarquons en passant qu'elles prouvent surabondamment, ce nous semble, que le véritable chemin de la Russie vers Constantinople, n'est pas, comme on l'a dit quelquefois, la mer Noire, mais bien la voie de terre. Sans doute une flotte peut être d'une grande utilité à la Russie, dans une entreprise sur Constantinople; mais la création d'une flotte est l'affaire de quelques années; tandis que c'est par des efforts poursuivis pendant un siècle, que le czar s'est préparé la voie du côté du Danube et des Balkans. Une telle persistance indique assez la juste importance que la Russie attache à cette route stratégique. Cette route, en effet, n'est pas seulement un passage, elle est en même temps une immense conquête.

La conclusion naturelle de ce qui précède, c'est que la Moldo-Valachie, ayant été jusqu'ici le point central de toute la stratégie militaire et diplomatique de la Russie dans ses entreprises projetées sur l'Orient, et en même temps l'obstacle qu'il lui importait d'anéantir pour développer sa stratégie propagandiste, c'est ce point-là qu'il s'agit de fortifier contre elle. A la place d'une nation affaiblie, appauvrie, démantelée, paralysée dans tous ses éléments de vie par le régime que lui ont imposé de concert la Turquie et la Russie, — faire surgir comme par enchantement une nation forte, en la replaçant dans les conditions nécessaires au développement de ses grandes ressources militaires, de ses inépuisables richesses agricoles, et de sa vitalité nationale si persistante qu'elle a survécu à quinze siècles d'invasions ; créer ainsi une barrière décisive entre la Russie et la Turquie, que les czars ont désignée de longue main pour leur proie, entre cette même Russie, et les peuples greco-slaves qui sont le levier le plus puissant dont les czars disposent pour l'accomplissement de leurs desseins ; de cette nation ressuscitée faire une alliée certaine, inaliénable de la Turquie, non-seulement contre la Russie, mais contre l'Autriche, dont les convoitises suivent ici à la piste celles de la Russie ; élever en même temps à un degré inconnu l'influence des nations occidentales en Orient ; donner, par l'exemple de la régénération moldo-valaque, une direction nouvelle aux aspirations, impossibles à étouffer, des populations chrétiennes, grecques et slaves, de l'Europe orientale ; apporter par là, dès à présent, à la Turquie, l'autorité morale qui lui manque pour accomplir les réformes si bien intentionnées, mais d'une application si difficile, qu'elle cherche à réaliser parmi ses sujets chrétiens : ce serait là sans doute une belle solution de la question d'Orient, et cette solution est facile, car elle dépend tout entière de la reconstitution de la Moldo-Valachie en une nation forte.

Vues de l'Autriche. Mais nous n'avons encore examiné qu'une des deux faces du danger qui menace et les Principautés, et la Turquie, et l'équilibre européen. Avant donc de proposer les moyens de reconstituer la Moldo-Valachie en une nation forte, suivons cet autre chemin parallèle qui nous ramènera au même but.

La direction que la Russie a donnée à ses efforts nous a indiqué l'obstacle que nous devons lui opposer. Les succès qu'elle a obtenus dans ses entreprises graduelles et patientes, souvent obliques et déguisées, doivent nous enseigner tout ce qu'on peut redouter d'une autre puissance qui reprendrait sa tâche en sous-œuvre et qui, lui succédant, la supplantant en apparence, s'engagerait dans les mêmes voies, et poursuivrait les mêmes fins. Or, cette puissance existe ; elle est établie sur le terrain même de la contestation, elle a déjà commencé son œuvre, et d'autant plus dangereusement qu'elle a su exciter moins de défiances. Cette puissance, c'est l'Autriche.

L'Autriche, dont les destinées sont et resteront indissolublement
liées à celles de la Russie jusqu'au jour où l'une de ces deux puissances croira avoir acquis sur l'autre une prépondérance décisive,
l'Autriche n'a pas des vues moins positives que sa puissante voisine
sur une partie au moins de la Turquie d'Europe et sur les Principautés. Nous citions plus haut son empressement à occuper ce
territoire aussitôt après les Russes ; mais ce n'est là qu'un signe
entre beaucoup d'autres plus concluants encore. Ne sait-on pas
que les derniers événements ont été pour toute l'Allemagne l'occasion d'exprimer des prétentions, dès longtemps nourries en
secret, sur les Principautés, sur le Danube, et jusque sur la mer
Noire ? Indépendamment des journaux qui se sont faits l'écho de
ces prétentions, une foule de brochures et même de gros volu-
mes ont été publiés pour établir comment on pouvait d'avance
convertir le Danube en fleuve allemand et germaniser les Principautés, ainsi qu'on a fait de la Bohême, en les colonisant. Cette
perspective nouvelle de l'Allemagne a été précisément une des
raisons de la prépondérance que l'Autrtche a prise dernièrement
vis-à-vis de la Prusse, dans la Confédération germanique. L'Autriche, un instant affaiblie et comme effacée, a retrouvé toute son
importance en se posant comme représentante, en Orient, des
intérêts allemands, qui ne tendent à rien moins qu'à faire de la
Confédération une puissance triplement maritime, dont la domination s'étendrait jusqu'à la mer Noire. L'Autriche ne pouvait
laisser échapper une pareille occasion d'influence vis-à-vis de la
Confédération germanique, lorsque ses intérêts particuliers la
poussaient dès longtemps dans la même voie. Elle possède déjà,
en effet, plusieurs portions du territoire roumain, la Transylvanie
et le Banat, provinces importantes acquises de longue main, et la
Bukowine, qu'elle a trouvé moyen de se faire attribuer en 1776.
Comment supposer qu'une puissance comme l'Autriche, qui n'est
qu'un composé de nations diverses, c'est-à-dire dont le principe
se fonde uniquement sur la conquête, qui possède déjà plus du
tiers de la population roumaine, et qui est poussée dans cette
voie d'envahissement par toute l'Allemagne, n'ait pas ses desseins
sur les pays roumains qui s'étendent le long de sa frontière ?

En réalité, l'Autriche a un triple intérêt à maintenir les Principautés dans l'état d'affaiblissement auquel elles sont réduites :
par là elle se prépare les occasions de s'ingérer dans leurs affaires
intérieures, comme a fait la Russie ; par là elle laisse la Turquie

à découvert, ce qui lui est nécessaire pour l'accomplissement de ses desseins d'agrandissement du côté de la Turquie en général et des Principautés en particulier ; par là enfin elle prévient un danger, réel ou chimérique, qui certainement la préoccupe : si elle n'absorbe pas les Principautés, elle craint que la force expansive de la nationalité roumaine n'entame un jour son empire par la Transylvanie, le Banat et la Bukowine ; et pour exprimer d'un mot cette préoccupation, elle craint d'avoir sur son flanc de l'est un autre Piémont. Ce sont là, nous ne le nions pas, des intérêts autrichiens ; mais, précisément, parce que ce sont des intérêts autrichiens, ce sont des intérêts anti-européens, des intérêts hostiles à ceux des nations occidentales. Et la preuve c'est que, tandis que les nations occidentales confondent généreusement leurs intérêts avec ceux de la paix du monde, l'Autriche emploie tous ses efforts et toute son habileté à empêcher le moyen le plus efficace d'amener cette paix en Orient ; tandis que les puissances occidentales visent à relever les Moldo-Valaques, à les rendre forts, ayant bien senti que c'est là le point capital de la question, — l'Autriche, qui veut tout le contraire, s'applique déjà à neutraliser, par d'habiles restrictions, tous les avantages qu'on se promet.

Nous pourrions citer plusieurs faits particuliers qui révèlent déjà la pensée secrète de l'Autriche. Mais il doit nous suffire de montrer ici que cette pensée, elle ne peut pas ne pas l'avoir.

Quant aux moyens d'action qu'elle emploiera, il faudrait entrer dans toutes les éventualités futures pour les prévoir exactement. Sa politique en effet est de ne suivre aucune ligne droite, de profiter également de toutes les alternatives contraires, de laisser les questions s'embrouiller, les conflits s'engager, puis d'intervenir, et pour prix de son concours auprès des uns, pour compensation de ses intérêts lésés auprès des autres, pour garantie de l'équilibre européen auprès de tous, de prendre sa part du butin, et finalement de se retirer du combat, dont elle n'a pas couru les dangers, tout à la fois avec les profits de la guerre, et avec les suffrages de la Confédération et de l'Europe elle-même, qui la déclarent la plus habile et la plus sage des nations.

L'Autriche, en effet, soit qu'on la considère chez elle, ou au dehors, dans la Confédération ou dans le concert européen, ne règne que par la division et ne grandit que par le désordre. Se donner pour un point d'appui et d'équilibre nécessaire, en opposant les classes, les races, les nations et les puissances les unes aux autres et tous les intérêts entre eux, voilà le secret de sa politique. On comprend dès lors toutes les belles chances que lui offre une question aussi complexe que la question d'Orient, et toute l'habileté qu'elle emploiera pour faire en sorte que la solution prochaine ne soit pas une solution.

Sans entrer davantage ici dans un sujet qui demanderait de longs développements, et en nous réservant d'en dire plus long sur les points particuliers où nous rencontrerons l'Autriche déjà à l'œuvre, qu'il nous soit permis de faire une simple observation pour ceux qui douteraient encore.

Comment se fait-il que l'Autriche, elle si habile, si pénétrante, si voisine du théâtre de l'action, et si intéressée, ce semble, à empêcher l'agrandissement de la Russie en Orient, ait été la dernière à s'émouvoir des entreprises de cette puissance! De bon compte, si la France et l'Angleterre n'avaient tourné leur action commune sur l'Orient, croit-on que l'Autriche serait venue appeler leur attention sur les événements qui se préparaient? Pouvait-elle cependant voir le Danube devenir russe et la puissance moscovite l'envelopper depuis la mer Noire jusqu'à l'Adriatique? Non; la Prusse, éloignée du théâtre des événements, arrêtée par ses sympathies de principe et de famille, embarrassée d'ailleurs par sa situation dans la Confédération germanique, pouvait bien se laisser subjuguer par l'influence du czar; mais l'Autriche! elle avait trop à perdre pour être dupe; il fallait donc que de fait ou d'intention elle fût complice.

Devant un but commun les intérêts même les plus contraires en apparence se prêtent un mutuel appui. Jusqu'ici l'Autriche a laissé faire la Russie, bien certaine, le jour venu, d'avoir une part de la proie que la Russie convoite. Maintenant c'est l'Autriche qui a le rôle actif, et, pour mieux le jouer, elle continuera l'œuvre de la Russie sous prétexte de sauvegarder contre elle les intérêts européens. Ces deux puissances sont trop fines pour se tromper mutuellement, mais elles s'entendent à demi-mot et sourient de leurs propres ruses. Elles savent bien qu'elles ne peuvent maintenant, et de longtemps peut-être, vivre et grandir que l'une par l'autre; toute la question pour elles est de savoir laquelle des deux primera l'autre au moment de l'agrandissement définitif, et s'il y aura alors pour elles part tout à fait inégale ou part proportionnelle dans les bénéfices de la partie. Mais tant que le moment décisif n'est pas venu, il est un point sur lequel elles s'entendent parfaitement, c'est de dévoiler le moins possible leurs menées réciproques.

Le jeu diplomatique qui a pour double but de laisser la Turquie ouverte à toutes les agressions, et d'abuser à cet égard les puissances occidentales, n'est donc pas interrompu ; il a seulement passé en d'autres mains. La Russie a perdu du terrain de ce côté, l'Autriche va tâcher de le regagner.

De fait, si elle parvient à laisser ou à replacer les Principautés dans des conditions telles, que d'une part la force nationale du peuple moldo-valaque ne puisse se développer, et que d'autre part des conflits soient encore presque inévitables entre ce peuple et la Sublime Porte, on peut dire que le protectorat des Principautés lui est inévitablement dévolu. Car enfin, s'il devient nécessaire d'exercer une sorte de police dans les Principautés pour y rétablir l'ordre intérieur, ou si les circonstances exigent une intervention entre le suzerain et la nation vassale, qui exercera ce double ministère ? Si même les Principautés, demeurant ce qu'elles sont, un pays sans force contre toute agression, on juge prudent d'y maintenir des garnisons étrangères, qui les occupera ? Toutes les puissances signataires du traité ? Oui, nominalement ; mais en réalité ce ne pourra être, le plus souvent, qu'une puissance limitrophe ; on ne voudra pas de la Russie, ce sera donc l'Autriche.

Quand on considère que, dans le moment même où l'attention et les forces de l'Occident étaient toutes portées de ce côté, l'Autriche a eu assez d'habileté pour remplir déjà, plus ou moins, tous ces rôles ; quand on voit, entre autres faits de détail, que, sous les yeux de la France et de l'Angleterre unies par la plus étroite alliance, et lorsqu'elle paraissait annulée à Constantinople comme à Londres et à Paris, elle a eu, par son voisinage et par sa dextérité, assez d'empire pour faire rétablir en Valachie, contre le vœu des populations, contre les intentions de toutes les puissances, un prince comme Stirbey, nommé par la Russie, traître à son pays, rebelle à la Porte, et qui n'avait d'autre mérite que d'être venu chercher refuge chez elle et de s'être fait sa créature, il est bien permis de dire : « Que sera-ce lorsque les circonstances seront plus favorables pour elle ! »

Impuissance des traités.

Les circonstances ou les traités ont beau lier également en apparence des puissances intéressées et des puissances désintéressées, des puissances limitrophes et des puissances éloignées, la partie n'est pas égale. La convoitise et la proximité fournissent aux unes des moyens d'action que n'auront jamais les autres. Comment empêcher les petits empiétements de chaque jour? Le plus souvent on les ignore; en eût-on connaissance, on ne peut, à chaque bagatelle, mettre l'Europe en feu. On patiente, on ferme les yeux; mais le jour vient où, de tous ces petits nuages amoncelés, qui n'étaient que vapeurs fugitives, sort un orage qui menace d'engloutir le monde.

Ce n'est donc pas sur les traités qu'il faut compter pour arrêter les convoitises soit de la Russie, soit de l'Autriche. C'est sur le terrain même de ces convoitises qu'il faut leur trouver un obstacle, et, quoi qu'on fasse, on n'en trouvera pas d'autre qu'une Moldo-Valachie régénérée.

Pour nous résumer, nous avons vu que la Russie puisait sa force contre la Turquie et contre l'équilibre du monde européen dans une triple stratégie, stratégie propagandiste qui s'appuie sur tous les Grecs et les Slaves de la Turquie d'Europe, stratégie diplomatique qui a son centre d'action à Constantinople, et qui porte tout particulièrement sur les Principautés, stratégie territoriale qui a pour double but d'annuler les Principautés et finalement de les absorber. Aujourd'hui l'œuvre séculaire de la diplomatie russe en Orient est anéantie par l'abrogation des traités et l'abolition du protectorat; mais, au même moment, la diplomatie autrichienne prend un rôle non moins important, non moins dangereux, et, pour peu que les circonstances s'y prêtent, l'Autriche hérite forcément du protectorat des Principautés. Quant à l'action propagandiste de la Russie, elle est à peine entamée : que disons-nous? elle va trouver un aliment tout nouveau dans les réformes que, sous l'influence occidentale, la Turquie doit introduire dans la condition civile et politique de ses sujets chrétiens, réformes louables, nécessaires, mais bien difficiles et mal acceptées [1]. Ainsi on peut dire que la propagande russe garde au moins toute sa force; et voilà qu'à côté de cette machine de guerre, s'en dresse une autre qui viendra en aide à la première, jusqu'au jour où elles se heurteront dans une conflagration générale de l'Orient, à savoir les intérêts allemands. Que reste-t-il donc à opposer à tous ces éléments hostiles et désorganisateurs? Un mur d'airain

Résumé de ce qui précède.

---

1. Cela s'explique : l'égalité civile et politique exige l'égalité des charges, impôts, service militaire, etc. Jusqu'ici tous les rayas ont été exempts de ce service, et tous les Levantins, tous les habitants de Péra notamment, n'ont jamais payé aucune sorte d'impôts.

sur la question territoriale ! Il n'y a pas d'autre conclusion, d'autre solution possible.

Tout est là en effet. Qu'il existe aux confins de la Turquie, en face de la Russie et de l'Autriche, un peuple armé qui soit à l'abri des troubles intérieurs et des conflits diplomatiques, et qui ait un intérêt indestructible à défendre la Turquie contre ces deux puissances, puisque ces deux ennemies naturelles et nécessaires de la Turquie sont de toute nécessité les siens : voilà aussitôt la barrière trouvée aux envahissements diplomatiques, propagandistes (orthodoxes ou allemands) et finalement militaires ou territoriaux.

Ce que peut la Moldo-Valachie.

Le peuple moldo-valaque n'apporte point ici de présomptions ridicules, il ne veut faire allusion ni à l'Europe ni à lui-même. Il sait très-bien, et nous aussi, — premièrement, qu'il lui faudra un peu de temps pour se relever de ses ruines matérielles et morales, et secondement, qu'il ne saurait jamais se poser comme une puissance à lutter contre la Russie ou l'Autriche, et encore moins contre toutes deux réunies. Nous ferons remarquer toutefois qu'une nation de cinq millions d'âmes qui se lève tout entière au nom de son indépendance est bien forte, surtout lorsqu'elle s'appuie sur des conditions géographiques très-favorables. La Moldo-Valachie doit être et elle aspire à devenir la Suisse de l'Orient !

L'éloignement et, plus encore, le schisme qui isolait les Moldo-Valaques des nations occidentales, a empêché celles-ci de connaître les exploits merveilleux de leurs ancêtres, du temps d'Étienne-le-Grand et de Michel-le-Brave; mais le peuple roumain ne les a pas oubliés.

Au surplus, quand même il faudrait aux Moldo-Valaques un certain nombre d'années pour acquérir une force de résistance respectable, ils n'en seraient pas moins, dès avant cela, le mur de séparation qu'il s'agit d'établir entre la Turquie et les deux puissances qui convoitent ses dépouilles. Le grand point, en effet, c'est, 1° que tout prétexte soit ôté à ces deux puissances d'intervenir subrepticement dans les affaires de la Turquie, d'empiéter peu à peu sur elle et sur les Principautés, et 2°, qu'il leur devienne impossible d'entrer de plain-pied sur ce territoire, ou même de s'en emparer par un coup de main. — Ce qui importe, avant tout, c'est que la situation soit nette diplomatiquement et militairement, c'est qu'on ne puisse pas envahir les Principautés moralement ni matériellement, à petit bruit, et sans qu'il y paraisse, par des empiétements insensibles et successifs. Le jour où l'on ne pourra franchir ni la limite des traités, ni celle de ce territoire, sans que ce soit par le fait une déclaration de guerre à l'Europe, ce jour-là l'Orient sera tranquille.

II.

PROPOSITIONS DE VIENNE. — LA SUZERAINETÉ NON DÉFINIE.

Est-ce là le résultat qu'on peut attendre du développement des propositions formulées par la cour de Vienne en ce qui concerne le premier point des garanties de paix ? Nous devons l'avouer, les termes de ces propositions nous inquiètent : et comment en serait-il autrement, quand c'est l'Autriche qui a tenu la plume pour la rédaction de l'acte ?

On commence par établir l'abolition complète du protectorat russe dans les Principautés. C'était là en effet la première chose à faire, et nous n'avons ici qu'à applaudir. Mais les conditions mêmes qui ont amené l'ingérence de la Russie dans les affaires intérieures des Principautés, et celles qui sont résultées de cette ingérence; mais les rapports des Principautés avec la Porte, ces rapports déjà faussés avant que la Russie intervînt sous le prétexte de les redresser, ces rapports qui depuis ont été complétement dénaturés, sont-ils changés, améliorés, éclaircis ? C'est tout le contraire qu'il faut dire; sur ce point capital où devait surtout porter la lumière, tout semble avoir été obscurci à dessein : on reconnaît bien là la main de l'Autriche.

Dans le court examen que nous allons faire de ce texte important, mais qui heureusement n'a rien de définitif, nous devons distinguer tout d'abord ce qui est de stipulation plus ou moins obligatoire vis-à-vis de la Russie, et ce qui n'est que bases provisoires d'arrangements entre les autres puissances, ou même simples termes de rédaction appartenant plus particulièrement à telle ou telle de ces puissances. En effet, sur ce qui touche directement la Russie, il est difficile de rien changer aux propositions faites et acceptées; et c'est pourquoi nous écarterons, quant à présent, la question de délimitation de son territoire avec les Principautés, tout en nous réservant de montrer plus loin combien l'arrangement adopté à cet égard est regrettable. Mais tout ce qui est étranger à la Russie, l'abolition de son protectorat sur les Principautés étant préalablement établie; c'est-à-dire tout le reste des propositions formulées dans le premier point, est modifiable à volonté ; et c'est pourquoi nous croyons utile de signaler les dangers qui s'y trouvent renfermés.

« Les Principautés, est-il dit en commençant, conserveront leurs priviléges et immunités sous la suzeraineté de la Porte. » Voilà d'abord une question bien grave tranchée sans plus d'examen, le maintien de la suzeraineté. Mais encore de quelle suzeraineté veut-on parler ? de la vraie suzeraineté établie par les anciennes conventions des Principautés avec la Porte, ou de la suzeraineté abusive qui s'exerce de fait depuis si longtemps ? On comprendrait que cette question ne fût pas résolue dans un acte qui ne contient que des bases si générales ; dans tous les cas, nous osons dire que les puissances occidentales n'ont pu avoir un instant la pensée de la résoudre dans le dernier sens : c'est ce dernier sens cependant que l'Autriche a eu le talent de faire prévaloir dans sa rédaction. L'expression *conserveront* et même celles de *priviléges et immunités*, sont déjà de mauvais augure, car ces dernières sont les expressions consacrées par le régime actuel du pays et non celles qui rendent l'esprit des traités ; mais aucun doute ne peut rester devant les termes que nous allons souligner en reproduisant la suite de cet article : « et le sultan, de concert avec les puissances contractantes, *accordera* en outre à ces Principautés, ou y confirmera une organisation intérieure conforme aux besoins et aux vœux des populations. » Dans l'article suivant que nous voulons citer à part, on voit encore que tout armement dans les Principautés ne se fera que *d'accord avec la puissance suzeraine*. Tout cela est contraire aux traités, comme nous le démontrerons plus loin : tout cela c'est la suzeraineté convertie en souveraineté. Est-ce ainsi qu'on fera de la Moldo-Valachie une nation forte ? Mais, qu'on y songe, cette suzeraineté abusive et non définie, c'est précisément là ce qui a servi de point de départ à toutes les intrigues diplomatiques de la Russie à Constantinople, et c'est par cette porte qu'elle est entrée dans les Principautés et jusqu'au cœur de la Turquie. Qu'arrivera-t-il si les priviléges et immunités, que personne d'ailleurs ne saurait plus définir, ne sont pas strictement respectés, ou si la Porte les entend d'une façon et les Moldo-Valaques d'une autre, ou seulement même si une puissance, intéressée à supposer et à fomenter des malentendus, prétend que le suzerain et le tributaire ne sont pas d'accord ? Les puissances oc-

cidentales interviendront pour vider le différend ! fort bien, elles interviendront toutes ensemble aujourd'hui ; mais demain, leurs préoccupations étant ailleurs, elles chargeront l'Autriche d'y pourvoir ; et après-demain, l'Autriche, si ce n'est la Russie elle-même, y veillera toute seule — à sa manière. Dès lors toutes les difficultés diplomatiques renaîtront, des droits exclusifs de protection et d'ingérence se rétabliront peu à peu au profit d'une puissance envahissante, au profit de l'Autriche sans doute pour commencer. Cela est presque inévitable dans le cas même où la quadruple alliance de la France, de l'Angleterre, du Piémont et de l'Autriche ne serait jamais troublée ; que sera-ce si elle se dissout ? et comment croire qu'elle puisse être perpétuelle ?

Dans ces conditions, « l'organisation intérieure » qu'on promet aux Principautés ne sera qu'un champ de plus ouvert à toutes les influences contraires, à toutes les intrigues intérieures, à tous les conflits de l'étranger. Nous vous en conjurons, prenez garde à l'Autriche !

Mais poursuivons : il est écrit dans les propositions de Vienne : « *D'accord avec la puissance suzeraine*, les Principautés adopteront *un système défensif permanent* réclamé par leur situation géographique ; *aucune entrave* ne saurait être apportée *aux mesures extraordinaires de défense* qu'elles seraient appelées à prendre pour repousser toute agression étrangère. » Ici, qu'on nous permette de le dire, ce n'est plus seulement une possibilité de conflit entre la Porte et les Principautés qui est ouverte au profit des intrigues extérieures, c'est le conflit en permanence, lequel ne peut se terminer qu'en réduisant cet article à une lettre morte, et en annulant de plus toutes les améliorations, de quelque genre qu'elles soient, qu'on promet aux Principautés ; et c'est bien sur ce double résultat que comptent l'Autriche et la Russie. En effet, comme il est essentiellement dans les tendances d'un pouvoir faible de redouter tout ce qui peut faire la force d'une nation qui lui est subordonnée, et de se persuader que tout élément de résistance développé dans cette nation doit tourner contre lui, la Porte, tant que sa suzeraineté lui permettra de s'ingérer dans les affaires intérieures des Principautés, ne pourra jamais se résoudre à favoriser l'extension de leurs ressources militaires : si elle s'y décide un jour, elle adoptera le lendemain un parti contraire ; de là des tiraillements incessants, des réclamations irritantes des deux parts. Si la Turquie laisse élever des forteresses, ou en élève elle-même en

Moldo-Valachie, elle prétendra les occuper, et alors, nous le disons avec une conviction profonde, l'œuvre d'alliance entre les Moldo-Valaques et les Turcs, cette œuvre qui a demandé un si long temps pour s'accomplir, et à laquelle les chefs roumains de 1848 sont fiers d'avoir efficacement coopéré, — car c'est sur elle que doit reposer la paix de l'Orient, — cette œuvre d'alliance est anéantie. En effet, ces hommes sont bien parvenus, la Russie aidant, à convaincre le peuple que ses intérêts étaient conformes à ceux de la Turquie, et à le faire sympathiser à distance avec la cause turque; mais quant à l'accoutumer à un contact quotidien et prolongé avec les Turcs, c'est à quoi de plus habiles qu'eux ne réussiraient pas aisément. Comment, en effet, détruire en un jour cette opposition si radicale dans les mœurs, dans la religion, dans tout ce qui constitue les traditions et les habitudes des deux peuples? Comment faire oublier aux Roumains que les Turcs qui, d'après leurs stipulations, n'ont le droit de mettre le pied chez eux que pour les défendre, n'y sont jamais venus qu'en ennemis, ou tout au moins en étrangers, traînant à leur suite tous les malheurs de la guerre, tous les vices d'une organisation militaire mal réglée? Non; pour effacer de telles impressions populaires, pour confondre dans la bataille des éléments si disparates, il faut des circonstances extraordinaires, il faut précisément les émotions de la bataille et le sentiment du danger commun. Que les Turcs viennent dans les Principautés confondre leurs rangs avec ceux des Roumains, quand ils leur auront donné autre chose que la misère et l'oppression, quand la Moldo-Valachie sera une nation; quand le salut commun sera menacé, alors, nous pouvons le promettre, ils seront les bien-venus! Mais nous ne pouvons croire qu'il entre dans la pensée des puissances occidentales de leur accorder, comme une chose sans conséquence, le droit exorbitant, qu'ils n'ont jamais eu, de tenir garnison dans les Principautés.

Ce droit, les Turcs l'ont en Servie, et voyez ce qui arrive : les canons de Belgrade sont braqués sur la ville, au lieu d'être dirigés contre l'extérieur. Ce droit, les Turcs l'ont usurpé quelque temps dans les Principautés, et voyez quel en a été le résultat : les Russes, en les chassant, et en leur rappelant que c'était là une usurpation, se sont rendus un instant populaires parmi les Roumains.

En introduisant les Turcs en permanence dans les forteresses moldo-valaques, on ne pourvoit à rien ; d'un côté, en effet, les Turcs,

qui n'ont ni assez de troupes ni assez d'argent pour défendre leurs
propres forteresses et les tenir en bon état, ne pourront pourvoir
à la défense des Principautés démantelées, et ils se trouveront
d'ailleurs noyés dans une population devenue forcément hostile,
et contre laquelle se tourneront leurs préoccupations; et d'autre
part, on annule toute force intérieure; car, ainsi que nous le di-
sions plus haut, la puissance suzeraine s'alarmera toujours du
développement des ressources militaires roumaines, qu'elle con-
sidérera comme un instrument d'indépendance.

Ainsi les Principautés resteront sans défense, ou sans défense
sérieuse; et, soit que la Porte les laisse désarmées ou prétende s'y
armer elle-même, le pays sera mécontent, et ce sera une cause
permanente de différends entre la Porte et les Moldo-Valaques. De
là encore, et plus que jamais, l'ingérence presque inévitable, dans
les Principautés, de l'une des deux grandes puissances voisines.

De là, comme de tout ce que produira la suzeraineté illimitée,
une autre conséquence encore : comme, d'une part, il est impossible d'attendre d'une puissance suzeraine froissée par des malentendus sans cesse renaissants, aucune disposition favorable
au développement et à la prospérité du peuple tributaire; comme,
d'autre part, les ingérences que nous prévoyons auront précisément pour double objet immédiat de perpétuer ces malentendus, et d'empêcher la régénération des Moldo-Valaques, en
semant la division, la corruption et les intrigues parmi eux, les
améliorations intérieures qu'on promet tomberont à néant.

On représentera alors les Moldo-Valaques comme un peuple
remuant et avili, impossible à régénérer, aussi incapable de se
gouverner que de se défendre. Pendant ce temps-là l'Autriche et
la Russie triompheront secrètement : car les Principautés seront
devenues pour l'une ou l'autre de ces deux puissances une proie
certaine, et toute la Turquie d'Europe restera ouverte à leurs
ambitions.

A l'appui des considérations que nous venons de faire valoir,
qu'il nous soit permis de citer un seul fait qui prouvera à la fois
combien il est facile d'alarmer la Porte à l'endroit de tout armement qui serait fait pour sa défense, et combien l'Autriche a de
prise sur elle par ce côté. Certes, s'il y eut jamais un moment où
une levée du peuple moldo-valaque contre ses envahisseurs fut
indiquée comme utile, désirable, et en même temps sans aucun

danger possible pour les prérogatives du sultan, puisqu'il avait les trois armées alliées à son service, c'était bien au moment de la dernière campagne du Danube : sur plusieurs points le pays était prêt à se soulever contre les Russes ; la Porte, après quelques hésitations, s'était décidée à adresser un appel aux Roumains ; des chefs avaient été choisis. Sur une parole de l'Autriche, ce projet fut subitement abandonné. Ceci pourtant se passait, lorsque la France et l'Angleterre avaient les yeux sur les Principautés et leurs armées dans leur voisinage : le fait n'en resta pas moins comme inaperçu. Si cependant la Moldo-Valachie ne doit pas prendre les armes dans des circonstances ultérieures analogues à celles de l'année dernière, il est bien inutile de chercher à en faire une sentinelle avancée de la Turquie.

III.

PREMIÈRE SOLUTION. — L'INDÉPENDANCE.

L'indépendance, s'il se peut.

La conséquence forcée de tout ce qui précède, — nous le disons presque malgré nous, car nous ne voudrions pas qu'on pût nous accuser d'être trop absolu dans nos conclusions, — c'est que, pour faire une Moldo-Valachie vraiment forte, vraiment abritée contre les invasions diplomatiques et militaires, il faudrait, pour première condition, la faire indépendante.

Mais comme il est de notre devoir, en même temps que de présenter la vérité dans toute sa lumière, de ne négliger aucune des chances qui peuvent rester à ce malheureux pays d'obtenir des améliorations quelconques, et de se rapprocher des conditions qui doivent lui permettre de prendre une part efficace à la défense de la Turquie et au maintien de l'équilibre européen, nous chercherons les moyens subsidiaires, non de conjurer tous les périls, mais de les amoindrir.

Nous ne pouvons cependant quitter cette grande question de l'indépendance, sans la montrer sous son véritable aspect.

Rupture du contrat entre la Porte et les Principautés.

La question de droit est bien simple : nous ne parlons pas du droit abstrait, mais de celui qui résulte de la teneur des traités. Les stipulations des Principautés avec la Sublime Porte, en lui accordant sur ces Principautés certains droits que nous examinerons plus loin, les subordonnent tous à une condition, c'est qu'elle

les protégera contre tous leurs ennemis ; c'est uniquement pour
obtenir cette garantie qu'elles doivent lui payer tribut. Or, la
Porte a-t-elle rempli ses obligations envers les Moldo-Valaques?
Loin de pouvoir les défendre, elle a été bientôt réduite à ne pas
pouvoir se protéger elle-même ; et, au lieu de sauvegarder les
droits qu'elle leur avait garantis, elle a été obligée d'en faire la
monnaie dont elle payait ses défaites. En retour du tribut que les
Principautés lui ont toujours compté exactement, elle avait garanti
l'intégrité de leur territoire ; et elle-même, lorsqu'en 1699, à
Carlowitz, les ambassadeurs polonais demandaient la cession de
la Moldavie, elle déclarait que « le sultan n'était pas en droit de
céder cette principauté à qui que ce soit, parce qu'elle s'était sou-
mise à l'empire de son plein gré et n'avait pas été conquise par le
sabre : » et cependant, en 1776, elle livrait la Bukowine à l'Autriche ou la lui laissait donner par la Russie ; et, en 1812, par le
traité de Bucharest, elle cédait positivement la Bessarabie aux
Russes. En retour du même tribut, elle assurait également aux
Moldo-Valaques leur entière autonomie, leur parfaite indépendance intérieure : et cependant, sans parler des empiétements
qu'elle a commis elle-même, ses traités avec la Russie, surtout
depuis 1812, n'ont été qu'une suite d'actes par lesquels elle livrait
l'administration intérieure du pays à l'influence étrangère.

Les Moldo-Valaques, eux, ont rempli fidèlement leurs engagements ; ils ont toujours payé le tribut, — souvent au centuple, car,
outre que le chiffre en a été démesurément augmenté, outre qu'il
a fallu y ajouter en toutes occasions des *présents*, chaque fois que
la Turquie a eu besoin de bois pour ses flottes, ce sont les forêts
des Principautés qui le lui ont fourni, et chaque fois qu'elle a eu
besoin de leurs denrées pour ses troupes, elles les lui ont livrées
pour la moitié ou le quart de leur valeur. Ses engagements à elle,
la Turquie les a violés : régulièrement et en bonne justice, le
contrat est rompu.

Si, au lieu de considérer les engagements dans le passé, on les
considère au point de vue de leur exécution possible dans le présent, on arrive à la même conclusion. En effet, pourquoi les
Principautés sont-elles tributaires de la Porte? Pour qu'elle les protége contre tout envahissement : c'est là l'unique cause de sa suzeraineté, ne l'oublions pas. Eh bien, est-ce que la Turquie est en
état de protéger ce pays? Loin de là, sans doute, puisque les
puissances cherchent aussi bien que nous, dans la reconstitution

des Principautés, des éléments de force extérieurs pour la garantir contre les invasions.

Et cette impuissance de la Turquie à protéger les Principautés et à garantir toute sa frontière du nord, on ne peut ni s'en étonner ni la lui reprocher trop vivement. Car il ne faut pas perdre de vue que sur les 10 millions et demi de population dont se compose la Turquie d'Europe (sans compter les 5 millions de Roumains des deux principautés, qui ne sont pas *sujets* turcs, comme nous le verrons), il n'y a que 2 millions de Turcs, en tout 4 millions de musulmans de race turque ou autre, en sorte qu'il reste 6 millions d'habitants, orthodoxes de race slave ou grecque, c'est-à-dire, par la force des choses, plus ou moins hostiles à la Turquie et plus ou moins dévoués quant à présent à la Russie. Comment donc, de ses deux millions de population turque en Europe, la Porte pourrait-elle tirer la force suffisante pour garantir et défendre ce grand territoire mal soumis qu'on appelle la Turquie européenne?

Quoi qu'il en soit, il reste établi qu'au point de vue de l'accomplissement des engagements dans le présent comme dans le passé, les stipulations des Principautés avec la Porte n'ont plus de raison d'être.

La question de droit était nécessaire à vider pour écarter toutes obscurités; mais on aurait tort de voir là de notre part aucune intention d'irriter le débat, de rien faire ni rien dire de désagréable à la Porte. Ce qui nous domine, au contraire, c'est la préoccupation des intérêts de la Turquie et de l'équilibre européen, c'est la conviction que l'indépendance des Principautés serait la meilleure garantie de ces intérêts.

Variations de la Porte.

Cette vérité, la Turquie elle-même l'avait presque acceptée. De 1848 à 1853, nous l'avons vue très-disposée à reconnaître qu'il n'y aurait pas de meilleur rempart ni de meilleur soutien pour elle qu'une Moldo-Valachie indépendante. Comment, depuis lors, la vérité s'est-elle obscurcie à ses yeux? C'est ce que nous n'avons pas à examiner; mais nous sommes bien convaincu que s'il nous était donné d'entrer dans le secret de toutes les influences, nous y rencontrerions bien vite celle de l'Autriche.

Cette situation, bien regrettable, est précisément ce qui nous fait un devoir de rechercher les moyens secondaires d'atteindre le but qu'on se propose, pour le cas où les puissances occidentales trouveraient, dans l'opposition de la Turquie et de ceux qui sont intéressés à la laisser sans défense, un obstacle insurmontable au moyen le plus héroïque.

Mais avant de passer à cette autre partie de notre tâche, ne manquons pas de le dire, cette indépendance qui réaliserait le vœu le plus ardent des Moldo-Valaques, ils sont prêts à l'acheter par tous les sacrifices compatibles avec cette indépendance même et l'honneur de leur nation. Remarquez-le bien, tandis que leurs ancêtres, si redoutables alors, mais entourés d'ennemis, — Hongrois, Polonais, Turcs, Bulgares et autres, — mais dévorés par les luttes intestines, mais reniés et méconnus par toute la chrétienté, faisaient alliance avec le grand Bajazet et le puissant Mahomet II, pour se ménager au moins un point d'appui certain dans les circonstances désespérées, les Roumains d'aujourd'hui, bien déchus, hélas! mais forts de l'appui moral des nations occidentales qui a manqué à leurs pères, et confiants dans le sentiment de régénération qui les anime, ne demandent que le droit de verser leur sang pour la défense de la Turquie et pour la sécurité de l'Europe. N'importe : ce droit, qui se résout ici dans l'abrogation de leurs traités avec la Porte, ils l'achèteront, si l'on veut, et nous sommes autorisé à le dire, du même prix que leurs ancêtres ont payé les promesses contenues dans ces mêmes traités; si la Turquie tient à avoir de leur part une marque de déférence en même temps qu'à ne pas se priver d'un avantage fiscal, ils consentent à lui payer, en reconnaissance du bienfait le plus clair qu'ils auront finalement reçu d'elle, la valeur du tribut établi, non plus en arrérages, ce qui serait en contradiction avec le principe d'indépendance, mais en capital.

Que la Porte se décide à cette solution, et nous promettons qu'elle ne s'en repentira pas. Cette nation, qu'elle aura rendue à son indépendance, n'oubliera jamais un pareil service. Elle ne demande qu'à signer avec elle un traité d'alliance perpétuelle contre ses ennemis extérieurs, qui sont la Russie et l'Autriche. Elle ne peut aller au delà, bien entendu; elle ne peut entrer dans les démêlés qui pourraient survenir entre la Sublime Porte et ses sujets chrétiens : de ce côté, c'est la neutralité de la Moldo-Valachie qui importe; cette neutralité dans les affaires intérieures de tout État, cette neutralité, qu'il s'agit précisément d'établir en Orient est de droit public, elle est d'intérêt européen, et, avec l'indépendance, elle devient de droit et d'intérêt roumains.

Les Roumains proposent le remboursement du tribut.

IV.

SECONDE SOLUTION. — L'UNION SOUS LA SUZERAINETÉ CONFORME AUX TRAITÉS.

1. LA SUZERAINETÉ DÉFINIE.

Si cependant l'indépendance de la Moldo-Valachie rencontrait des obstacles insurmontables, quel serait le moyen d'approcher du but qu'on se propose? Nous répondons sans hésiter : l'union des deux Principautés en un seul État sous la suzeraineté de la Porte, cette suzeraineté étant nettement définie conformément aux anciens traités.

Cette solution présente deux points comme on le voit, et, pour plus de clarté, nous commencerons par celui des deux qui se rapporte à la suzeraineté du sultan : il est bien simple.

La suzeraineté. Tous les rapports des Principautés avec la Porte sont réglés par trois traités très-courts, dont il est essentiel de donner ici le résumé.

Le traité conclu par la Valachie avec Bajazid Ier, sous forme de hatti-humajun, signé par ce prince, à Nicopolis, en 1392, est le premier qui ait créé des liens entre les Principautés et la Turquie. Par ce traité, Mircea Ier s'engageait à payer au sultan un tribut annuel de 3000 piastres rouges du pays, ou 500 piastres turques ; mais en même temps ce traité déclare expressément que la Valachie « se gouvernera d'après ses propres lois, » et que « le prince conservera le droit de faire la paix et la guerre, et celui de vie et de mort sur ses sujets, » en sorte qu'il n'entame aucunement la souveraineté du peuple valaque.

Traité de 1460. Les Valaques, après avoir plusieurs fois refusé de payer le tribut, et avoir même battu les Turcs en plusieurs rencontres, furent obligés, par les circonstances, non par la force des armes, de conclure, en 1460, à Andrinople, un nouveau traité plus onéreux que le premier, quant au chiffre du tribut qui est porté à 10 000 piastres, mais qui est plus explicite encore dans les clauses qui garantissent l'indépendance intérieure et extérieure des Valaques, et dont la forme même est remarquablement modeste pour un acte émané de cette chancellerie orientale, qui avait, surtout alors, pour habitude d'employer des expressions si majestueuses. Il ne faut pas oublier, en effet, que cette *capitulation* (c'est le terme consacré), signée par le sultan seul, suivant l'usage, émane de Mahomet II, le puissant conquérant qui porta à son apogée la grandeur musulmane. — L'acte commence par ces simples mots : « Art. 1er. Le sultan consent et s'engage, pour lui-même et pour ses successeurs, à protéger la Valachie, et à la défendre contre tout ennemi, sans exiger autre chose que la suprématie sur la souveraineté (c'est-à-dire la suzeraineté) de cette Principauté, dont les voïvodes seront tenus de payer à la Sublime Porte un tribut de dix mille piastres. » Au fond, voilà tout le traité, il commence par un engagement du sultan au profit de la Valachie, en retour duquel engagement on lui reconnaît une suprématie nominale qui n'aura d'expression réelle que dans le tribut annuel. Nous disons une suprématie nominale, car tout le reste du traité, qui est en onze articles, n'a pour objet que de bien établir qu'il ne sera rien ôté aux droits de souveraineté de la nation valaque ; ainsi, art. 2 : « La Sublime Porte n'aura aucune ingérence dans l'administration locale de ladite Principauté, et il ne sera permis à aucun Turc d'aller en Valachie, sans un motif ostensible. » Art. 5 : « La nation valaque continuera de jouir du libre exercice de ses propres lois, et les voïvodes auront le droit de vie et de mort sur *leurs sujets* (c'est le droit de souveraineté du temps, à l'intérieur), comme celui de faire la paix et la guerre (droit de souveraineté à l'extérieur), sans être soumis, pour aucun de ces actes, à aucune responsabilité envers la Sublime Porte. » On stipule ensuite une foule de garanties de détail, mais dont plusieurs sont très-remarquables, comme celles-ci : que « les *sujets valaques* qui auraient occasion d'aller dans quelque partie que ce soit des possessions ottomanes, ne pourront être forcés à payer le haratche ou la taxe de capitation, à laquelle sont soumis les rayas » (art. 7), et que « si un Turc a un procès en Valachie avec un *sujet du pays*, sa cause sera entendue et jugée par le divan valaque, conformément aux lois locales » (art. 8) ; « qu'aucune mosquée ne pourra jamais être établie sur aucune partie du territoire valaque » (art. 10), etc.

Parmi les clauses de ce traité, il n'y en a qu'une seule qui demande quelques mots d'explication. L'article 4 porte : « Les voïvodes continueront d'être élus par l'archevêque, les évêques et les boyards, et l'élection sera reconnue par la Porte. » On a induit de là que la Valachie s'engageait à faire reconnaître ses princes par la Porte, d'accord, c'est là le signe moral de la suzeraineté du sultan, comme le tribut en est le signe matériel ; mais il faut ajouter bien vite que cet article engage également la Porte à

L'investiture obligée.

reconnaître tout prince que la nation aura mis à sa tête ; et, lorsqu'on voit cet article mêlé à tous ceux qui ont pour but d'assurer à la Valachie la conservation de ses droits comme nation, on ne peut douter que ce fût là principalement le sens intentionnel de cette disposition. Quant à l'expression : « les voïvodes continueront d'être élus par l'archevêque, les évêques et les boyards, » elle n'est que l'équivalent, en un point spécial, de cette autre expression : « la nation valaque continuera de jouir du libre exercice de ses propres lois, » et elle n'entraîne aucune obligation dans la forme selon laquelle cette jouissance aura lieu, — pas plus que le droit de vie et de mort reconnu au voïvode n'oblige les princes actuels de Valachie à distribuer la vie et la mort parmi leurs sujets : ce qui nous conduit à dire que les Valaques restent libres de choisir la forme de gouvernement qui leur convient, sous la seule condition qu'au moment de son avénement leur roi héréditaire, prince temporaire ou à vie, voïvode ou président, quel que soit le nom qu'ils veuillent donner au chef de ce gouvernement, fera hommage au sultan, et recevra de lui l'investiture féodale, comme y étaient tenus autrefois beaucoup de souverains.

Sur cette question de l'investiture obligée, nous savons bien qu'il y aura toujours matière à discussion, c'est-à-dire matière à intrigues et à calamités, autant pour la Porte que pour les Principautés elles-mêmes. Si l'on voulait s'armer ici de tous les arguments du droit féodal, si l'on voulait chercher à prévoir l'impossible, supposer l'investiture réclamée par un intrigant et un usurpateur, on aurait la chance de faire introduire dans la clause quelque exception pour les cas extraordinaires, ce qui serait tout simplement l'annuler. Il y aurait à discuter là-dessus pendant des heures. Tout ce que nous dirons, c'est que nous avons retourné la question dans tous les sens, et qu'en consultant à la fois l'autorité du texte et celle de l'histoire des Principautés, nous n'avons trouvé à cette question d'autre solution vraie que celle-ci : point d'exceptions, de restrictions quelconques. C'est d'ailleurs le seul moyen d'éviter, sous le régime de la suzeraineté, le retour de toutes les complications, de tous les malheurs auxquels on cherche un remède. Si nous insistions sur ce sujet, ce serait uniquement pour prouver à la Porte l'intérêt qu'elle aurait à réduire sa suzeraineté au tribut annuel, et à se démettre elle-même de cette prétendue prérogative de l'hommage et de l'investiture, qui au fond porte atteinte à sa dignité et à sa liberté, et qui ne peut que lui créer des embarras. Ce qui nous dispense d'en dire plus long, c'est que nous avons lieu d'espérer que cette question, beaucoup plus grave qu'il ne paraît, se tranchera d'elle-même. Nous renvoyons sur ce point à la fin du présent mémoire.

Mais reprenons l'analyse des capitulations. Pour la Valachie, il n'y en a pas d'autre que les deux que nous venons de faire connaître, et dont la seconde est définitive. La Moldavie, elle, n'en a qu'une.

La Moldavie ne reconnut l'autorité du sultan qu'en 1513; et, comme c'était tout à fait de son plein gré, *la seule chose* qui fut exigée du prince (Bogdan), c'est qu'il enverrait tous les ans à la Porte un *présent* (peschslesch) déterminé. Ce n'est qu'en 1583 que le présent fut converti en tribut, par une sorte de violence dont on pourrait contester la validité.

Les clauses du traité de 1460 ne s'appliqueraient donc pas à la Moldavie. Mais les deux Principautés ayant été de fait soumises au même régime, nous consentons à reconnaître, pour l'une comme pour l'autre, le plus onéreux des trois traités.

Or, nous venons de résumer tout le fond de cette capitulation de 1460, qui est l'unique fondement de la suzeraineté de la Porte. Ses clauses se réduisent à celles-ci : d'un côté, tribut et hommage; de l'autre, protection contre les ennemis et investiture obligée. Quoique la Turquie ne puisse donner aux Moldo-Valaques une protection efficace, et quoiqu'il y ait quelque chose de bien suranné dans l'hommage féodal et même dans le tribut, qui d'ailleurs n'a plus de cause, — que l'on conserve ce régime, si la Porte et les puissances représentées au Congrès le trouvent bon; mais qu'on le ramène du moins à la simplicité primitive qu'il n'aurait jamais dû perdre, et qu'on le définisse nettement comme nous venons de le faire. C'est le seul moyen d'éviter à l'avenir les complications de toute sorte et les ingérences étrangères qui ont dénaturé les rapports des Principautés avec la Porte, et de leur laisser la possibilité d'une existence nationale.

En effet, depuis la conclusion de ces traités, c'est-à-dire depuis 1460 pour la Valachie, et 1513 pour la Moldavie, une foule de dérogations y ont été apportées par un ensemble de circonstances très-complexes et dans l'exposé desquelles nous n'entrerons pas, par la double raison que ce serait faire l'histoire des deux Principautés pendant trois ou quatre siècles, et qu'une telle étude n'est pas nécessaire à notre objet. Tout ce qu'il importe de savoir, c'est que l'autorité de ces capitulations, malgré leur ancienneté, est au-dessus de toute contestation, qu'elle n'a jamais été attaquée, — ni par la Russie, qui au contraire a toujours prétendu défendre les droits légitimes des Moldo-Valaques contre la Turquie, — ni par la Porte elle-même, qui, en y dérogeant trop souvent, n'a jamais pris son point d'appui que dans les nécessités réelles ou supposées auxquelles elle était réduite, — et qu'enfin, dans les complications européennes qui viennent d'avoir lieu et dans les conclusions de paix qui se préparent, ces traités sont encore l'unique base sur laquelle on s'est fondé pour éclaircir et résoudre la question des Principautés. A cet égard, toutes les pièces échangées entre les gouvernements ne laissent aucun doute ; nous citerons seulement sur ce point la circulaire du ministre des affaires étrangères de France [1] en réponse à celle de M. de Nesselrode. Nous croyons prudent de glisser sur les premières questions que le ministre français adresse à son adversaire, car s'il est vrai de dire que le sultan n'a jamais « *songé* à revenir sur aucune des concessions de son prédécesseur, » il serait moins facile d'établir que « les immunités des Principautés du Danube « sont restées à l'abri de toute atteinte de la part de la puissance suzeraine, même « depuis les dernières guerres » seulement. Mais ce que nous voulons constater, c'est que le ministre reconnaît que « le régime d'indépendance administrative des Principautés (voilà seulement un mot qui nous paraît bien faible) n'était ni en Valachie ni en Moldavie une conquête récente, mais le résultat d'*un accord librement conclu il y a des siècles*, et altéré seulement du jour où les hospodars ont commencé, pendant les guerres du xviiie siècle, à compter davantage avec la cour de Russie qu'avec la Sublime Porte. « C'est ainsi, ajoute le ministre, que la Moldavie a perdu la moitié du territoire qui lui avait été *garanti par les sultans*, etc. »

Tous prétendus droits de la Russie, soit sur une portion du territoire des Principautés, soit de s'ingérer dans leurs affaires intérieures, sont nuls en effet, parce que ces prétendus droits ont été concédés par la Porte à laquelle ils n'appartenaient pas, et n'ont point été consentis par les Moldo-Valaques eux-mêmes, qui n'ont jamais traité avec la Russie.

Voilà qui est bien établi. En partant ici des capitulations, nous

---

1. Cette circulaire, en date du 23 mai 1855, a paru dans le *Moniteur* du 26 mai.

sommes donc, non pas dans les termes captieux de la rédaction des préliminaires de Vienne, — nous avons montré tout ce qu'ils renferment de dangers possibles, — mais dans l'esprit des dispositions hautement avouées par les gouvernements alliés et si nettement indiquées par le comte Walewski. Ajoutons seulement, à propos du manifeste que nous venons de citer, une réflexion qui nous paraît nécessaire.

Cette déclaration, qui établissait exactement la situation diplomatique des Principautés comme nation, dans le passé et dans le présent, ne préjugeait rien pour l'avenir contre l'opportunité qu'il pouvait y avoir à les déclarer indépendantes; et elle ne saurait, en aucun cas, être considérée comme un engagement des trois gouvernements alliés ou de l'un d'eux dans ce sens, — puisqu'elle n'était faite qu'à l'encontre de la Russie, et en négation des prétendus droits qu'elle aurait eus sur ces Principautés du chef de la Porte et par ses traités avec cette puissance. Mais elle indiquait assurément le minimum de ce à quoi les Moldo-Valaques pouvaient prétendre, — en posant la nullité de toutes les dérogations qui avaient été faites à l'esprit et à la lettre de leurs capitulations avec la Porte, soit sous la pression de la Russie, soit de toute autre manière. Car il implique contradiction de supposer que les stipulations qu'ils ont faites avec la Porte, et qu'on oppose à la Russie comme n'autorisant pas les concessions que cette dernière puissance a obtenues de l'autre à leur préjudice, ne puissent et ne doivent être également opposées, dans leur légitime intérêt, aux empiétements que la Porte a commis elle-même à leur égard; ce qui reviendrait à dire que ces traités engagent tout le monde, excepté la Turquie, qui les a signés.

La Russie et
la Porte
devant les
capitulations.

Non, il est bien clair que la Porte, qui n'avait pas le droit de consentir les empiétements d'une autre puissance contre ces traités, n'avait pas le droit non plus d'en accomplir elle-même; et que tout ce qui est établi aujourd'hui en contradiction avec ces traités, par le fait et au profit de n'importe quelle puissance, doit être annulé. C'est bien assez que la Turquie n'ait pas rempli dans le passé, et ne puisse remplir dans l'avenir, les engagements actifs que ces capitulations lui imposent; si malgré cela on veut les maintenir dans le présent et dans l'avenir, il faut au moins qu'on rappelle la Porte à l'exécution de ses engagements négatifs, de ses promesses d'abstention à l'égard des droits des Principautés, et finalement qu'on leur rende tous les droits que ces stipulations garantissent.

Cela est non-seulement de logique et d'équité; mais c'est l'unique moyen de prévenir, autant qu'elles peuvent être prévenues sous la suzeraineté, toutes les complications futures. En effet, si les plénipotentiaires des trois puissances alliées se placent, pour l'avenir comme pour le passé, sur le terrain des anciens traités avec la Porte, c'est sans doute pour y trouver une base diplomatique plus forte, un argument rétrospectif plus inébranlable contre les actes accomplis en ce qui touche la Russie; c'est apparemment pour pouvoir lui dire : « Nous, qui protestons contre les dérogations que vous avez fait subir à ces traités, et qui venons annuler les avantages que vous avez perfidement tirés de leur violation, nous maintenons ces traités, et, dans le moment même où nous aurions le droit de remanier la carte de l'Orient et de prendre des garanties plus fortes contre vous, nous voulons vous prouver et notre modération et le respect excessif que nous avons pour les conventions établies, en nous en tenant rigoureusement aux termes de celles que nous vous opposons, et en les conservant même pour l'avenir. »

Mais, quoi! si en prétendant vous appuyer sur cette base unique, vous la dénaturez, la Russie, l'Autriche, ou toute autre puissance, intéressée un jour ou l'autre à ruiner votre édifice, ne sera-t-elle pas bien forte, lorsqu'elle dira : « J'ai dû céder un instant aux nécessités de la situation, mais la prétendue légalité dans laquelle on a affecté de se placer au jour des conférences n'est qu'un jeu; on a invoqué contre la Russie d'anciens traités, mais en même temps on a consacré leur violation au profit de la Porte et au détriment des populations que ces traités intéressaient, au détriment de la partie même qui avait contracté ces stipulations avec la Porte! »—Et comme, en leur refusant toute justice, vous vous serez aliéné ceux qui espèrent en vous, et comme il est bien impossible qu'un peuple réduit aux dernières extrémités de la souffrance et de l'abandon, n'accueille pas, de quelque main qu'il lui vienne, le secours même intéressé qu'on lui apporte, cette puissance aura beau jeu pour intervenir encore entre la Turquie et les Principautés et pour troubler tout l'Orient.

Cela lui sera d'autant plus facile, que, comme nous l'avons établi, si la suzeraineté de la Porte reste non définie; tous les prétendus changements qu'on prétend établir dans les Principautés sont illusoires : ni les réformes intérieures que l'état désastreux de ce pays réclame ne s'accompliront, ni aucune force militaire ne s'y développera. Elles resteront livrées moralement et militairement, comme diplomatiquement, aux invasions étrangères.

Non, il est impossible que dans les conférences, les puissances occidentales établissent leur œuvre sur de pareilles contradictions. Si l'on veut reconstituer les Principautés sur la base de leurs anciens traités, il est nécessaire de rentrer rigoureusement dans l'esprit et dans la lettre de ces traités.

Le résumé bien simple de ces actes, — il ne faut pas craindre ici de se répéter, — c'est que chacune des deux Principautés conserve tous ses droits d'indépendance et de souveraineté, tant à l'extérieur qu'à l'intérieur, sous la seule réserve qu'elle doit à la Porte un tribut annuel déterminé et un hommage moral, emprunté aux mœurs du moyen âge, lequel consiste en ce que le chef de son gouvernement est tenu, à son entrée au pouvoir, de réclamer l'investiture du sultan. Voilà toute la suzeraineté, voilà toute la vassalité, voilà toutes les capitulations. Or il est impossible qu'aucune subtilité de raisonnement, qu'aucune habileté de rédaction dans tel ou tel protocole prévaille contre le texte même qu'on prend pour point de départ de toute solution. Lors donc qu'un plénipotentiaire, intéressé à obscurcir les termes du débat, viendra équivoquer — sur ce premier passage des préliminaires de Vienne, où il est écrit seulement que « les Principautés *conserveront* leurs *priviléges* et *immunités* sous la suzeraineté de la Porte, » quand il devrait être dit qu'elles rentreront dans les droits souverains que leur garantissent les titres mêmes de cette suzeraineté, — puis sur le passage suivant où le rédacteur a glissé que « le sultan.... *accordera* à ces Principautés ou y confirmera » une nouvelle organisation intérieure, — et enfin sur cette autre expression captieuse, que, « *d'accord avec la puissance suzeraine,* les Principautés adopteront un système définitif permanent, etc., » — il suffira aux hommes de bonne foi de répondre : « Il est vrai, cela est dit, mais cela est mal dit et comme non avenu ; car cela est contraire aux stipulations sur lesquelles seules nous pouvons nous appuyer : c'est une rédaction vicieuse, qui ne rend pas la pensée qu'on a voulu exprimer, ou qui exprime des arrière-pensées qu'on ne saurait avouer. »

Réponse aux inexactitudes de rédaction du protocole.

Ces longues explications étaient nécessaires pour établir ce que peut être encore la Moldo-Valachie sous la suzeraineté, si on veut ramener cette suzeraineté à ses termes simples et légitimes, et abolir tous les empiétements, de quelque part qu'ils viennent, qui ont entamé les droits de cette nation.

Mais il ne suffit pas que la Moldo-Valachie puisse être, il faut qu'elle soit, et ceci nous ramène à la question de l'union.

2. L'UNION DANS SON RAPPORT AVEC LA SUZERAINETÉ.

L'union est de droit, d'après les traités.

Du côté du droit écrit dans les traités, c'est-à-dire du côté de la suzerainté de la Porte, la question de l'union se trouve d'avance éclaircie : le droit pour chaque Principauté de s'unir à l'autre, même indépendamment des volontés de la Porte, no peut faire l'ombre d'un doute : chacun de ces deux États conserve, d'après les capitulations, le droit et l'entière liberté « de faire la paix et la guerre; » donc il conserve, surtout d'après les idées qui régnaient alors, la faculté de s'agrandir et de s'amoindrir comme il peut ou comme il veut. Pour ce qui regarde l'amoindrissement, comme il n'est pas supposable qu'il se produise suivant le bon vouloir de la nation intéressée, surtout quand elle est homogène comme la nation moldave ou valaque, ce serait à la Turquie, protectrice obligée, d'après son contrat, de chaque Principauté « contre tous ses ennemis » de l'empêcher; mais passons. Quant à l'agrandissement, ce serait d'abord aux nations voisines de voir s'il ne blesse pas leurs intérêts; et, dans nos idées modernes, ce serait, en dernier appel, au concert des puissances européennes de voir si cet agrandissement est juste et légitime. Mais, sous ce rapport, la moins compétente de toutes à l'égard des Principautés serait la Turquie, car elle a reconnu aux princes valaques « le droit de faire la paix ou la guerre, sans être soumis à aucune responsabilité envers la Sublime Porte; » et si l'on conserve d'une part certains usages surannés, il semblerait juste de conserver également les avantages de même nature qui les compensent. Mais plaçons la Turquie à cet égard dans le droit commun, ce qui est la plus belle part qu'on puisse lui faire sur le point qui nous occupe, considérons-la même, si l'on veut, non dans ses droits nuls ici, mais dans ses intérêts de suzeraine : quel argument légitime peut-elle invoquer contre la réunion de deux pays soumis aux mêmes conditions vis-à-vis d'elle, de deux fragments de peuple de même race destinés par la nature même des choses à ne faire qu'un, et qui, en s'agrandissant l'un par l'autre et au profit commun, ne changent rien à la délimitation du territoire sur lequel s'exerce sa suzeraineté, non plus qu'à l'étendue de ses prérogatives de suzeraine. Si l'une des principautés aliénait elle-même une partie de son territoire, — éventualité prévue cependant comme n'entraînant aucune responsabilité de sa part vis-à-vis de la Porte ; ou même, si elle s'adjoignait un élément étranger, hétérogène, hostile peut-être à la Porte, — autre éventualité prévue dans le même sens, — on comprendrait encore que la Turquie pût s'alarmer. Mais il ne s'agit en réalité que d'un agrandissement moral : hé quoi ! la suzeraine serait-elle l'ennemie de la prospérité du peuple qui a cru assurer cette prospérité, en se liant autrefois à elle par le tribut et l'hommage !

Nous ne voulons pas le supposer ; nous voulons croire que la Turquie, mieux éclairée, n'opposera dans les conférences aucun obstacle au droit si incontestable que les Principautés ont de s'unir. Ce serait là, de sa part, non-seulement de l'équité, mais de la bonne politique ; car les immenses avantages qui doivent résulter pour elle-même du développement de la nationalité moldovalaque, sont doublés pour la Porte, si elle s'y associe. Les Moldo-Valaques, qui lui sont restés dévoués malgré tant d'injustices, lui tiendront compte de tout ce qu'elle fera pour eux, même dans la mesure de ce qu'elle ne pourrait légitimement leur refuser. Mais si elle fait obstacle à leurs demandes les plus modérées, à leurs besoins les plus légitimes, il est encore dans son intérêt, comme nous l'avons déjà indiqué, comme nous le répéterons plus explicitement tout à l'heure, que les puissances occidentales la forcent à des concessions que réclament le droit, la justice, et la paix du monde.

C'est pourquoi nous avons voulu établir le droit des Principautés à l'union, sous la suzeraineté comme dans l'indépendance : en établissant ce droit contre la Turquie, nous travaillons encore pour elle.

Il serait étrange au surplus que l'on contestât aujourd'hui aux Moldo-Valaques les droits qui leur étaient reconnus, les avantages qui leur étaient promis dans ce *Règlement organique* qu'ils détestent, entre autres raisons, parce qu'il leur a été apporté par les Russes, mais qui n'en a pas moins été pour la Turquie, comme pour les Principautés elles-mêmes, leur constitution et leur code officiels depuis 1832 jusqu'à la dernière évacuation des Russes, c'est-à-dire jusqu'à l'année passée, et qui, faute de législation nouvelle, garde encore aujourd'hui force de loi sur bien des points. Nous regrettons de n'avoir point entre les mains la première édition, seule complète et authentique, de ce gros volume. Dans l'édition de Valachie, que le prince Bibesco a fait publier en 1852, et la seule que nous puissions consulter en ce moment, le préambule a disparu, et c'est dans ce préambule surtout que l'union était prévue comme un fait inévitable et plus ou moins prochain. Mais le texte même du règlement en dit encore assez à cet égard, pour que nous le citions. L'article 371 dont nous allons donner la traduction textuelle, commence la section V^e du chapitre VIII, section intitulée : « Commencement d'une union plus intime entre les deux Principautés. » Suit immédiatement l'article 371, que voici : « L'origine, la religion, les mœurs et la langue, qui sont les mêmes pour les habitants des deux Principautés; leurs besoins, qui sont les mêmes, forment autant d'éléments d'une union plus intime entre elles, laquelle n'a pu s'opérer jusqu'à présent et a été retardée par des circonstances étrangères. Les avantages qui découlent de l'union des deux peuples sont en dehors de toute contestation. Le commencement donc de cette union a été posé dans ce règlement, par la similitude des mêmes bases d'administration intérieure pour les deux Principautés. » Les articles qui suivent ont pour objet de faciliter les relations entre les habitants des deux pays.

Devant ce texte si concluant d'un code tout récent promulgué et tenu en vigueur pendant plus de vingt ans sous la suzeraineté de la Porte, la Turquie prétextera-t-elle de la pression des cent mille baïonnettes russes qui ont présidé à la rédaction du Règlement? Quoi! le sultan serait moins juste envers les Principautés que le czar! il semble que ce serait se trahir soi-même.

A ce propos, qu'il nous soit permis d'exprimer deux réflexions qui se présentent à chaque pas quand on entre dans l'histoire récente de la Moldo-Valachie.

Beau rôle que la Turquie avait à prendre.

Si les manœuvres de la Russie, favorisées par les abus de la suzeraineté turque, ont créé à la Porte bien des embarras, on ne peut s'empêcher de reconnaître, que, le premier moment de surprise et de trouble passé, elles donnaient occasion à la suzeraine de prendre dans les Principautés un beau rôle, aussi habile que généreux. Elle n'avait qu'à lutter avec la Russie de sollicitude pour les deux pays tributaires : sur ce terrain, on peut en être assuré, la Russie aurait été bientôt battue. Au lieu de cela, que fait la Porte? plus le czar proteste de ses intentions bienveillantes pour les Moldo-Valaques, plus il s'ingère dans leurs affaires intérieures, plus la Porte se montre récalcitrante à leurs plus justes réclamations, méfiante à leur égard, malveillante et quelquefois impitoyable, plus elle les sacrifie à leur ennemi qui est pourtant le sien par-dessus tout. Inutile de dire que, presque en toute occasion, les actes du czar démentent ses paroles ; mais c'est précisément ce qui donne au sultan beau jeu : il ne sait pas en profiter ; il ne sait avoir de son côté ni les paroles ni les actes.

Aussi est-on presque étonné de voir que les Moldo-Valaques aient fini par reconnaître nettement leur inévitable ennemi, entre ces deux rivaux dont ils étaient la proie disputée. Il y a fallu du temps. Depuis Demètre Cantimir (mort en Russie en 1723), le premier prince qui chercha un appui dans le czar, jusqu'à Théodore Vladimiresco, le dernier héros de la nationalité roumaine (tué vers 1821), les espérances du peuple si maltraité, flottèrent entre les influences opposées. Vladimiresco, enfin, voyant le pays sans direction et sans chefs au milieu des cabales de l'hétairie, releva le drapeau de l'indépendance sous la suzeraineté légitime. Inaugurer deux vérités à la fois, c'était trop ; le peuple, que le mot d'indépendance avait touché, ne comprit pas l'autre. Les relations de Théodore avec la Porte le rendirent suspect à plusieurs ; trahi par quelques-uns de ses capitaines, — ceux-ci étaient des étrangers qui ne comprenaient guère que le pillage, — il fut surpris par des sicaires de l'hétairie, et le plus grand Roumain de l'histoire contemporaine scella de son sang la nouvelle alliance de sa nation avec le sultan. Une mort généreuse fait comprendre bien des choses : depuis ce temps-là, il n'est pas un paysan roumain pour qui le nom de Domnou Toudor[1], comme il l'appelle, ne soit un nom sacré. Il faut dire aussi que, depuis ce temps-là, le Moscovite s'est fait durement connaître dans les Principautés ; pourquoi ne pouvons-nous pas ajouter que le sultan, de son côté, en ait fait autant dans le sens contraire ? L'occasion était belle, elle fut manquée. A la mort de Vladimiresco, il y eut bien de la part de la Porte un moment de retour ; « en reconnaissance de la fidélité des habitants des Principautés » (textuel), la Porte les délivra des princes fanariotes qu'elle leur avait imposés ; mais ce fut tout :

La fidélité des Roumains mal récompensée.

---

1. *Tudor*, c'est Théodore ; *domnu* est l'équivalent du latin *dominus*, et c'est le seul titre national du prince.

une calamité de moins, — une calamité venue d'elle, notez bien, et dont le pays porte encore le stigmate de longtemps ineffaçable, — et puis plus rien ; de bienfait actif, pas un seul !

En 1848 cependant, lorsque, en Valachie, ce peuple se leva comme un seul homme, pour proclamer qu'il était vivant, c'est sous l'égide de la Porte et sous l'invocation du respect dû à sa suzeraineté, qu'il se plaça ; c'est contre la Russie qu'il se manifesta, elle seule qu'il eut l'habile générosité de rendre responsable de tous ses maux. Comment en a-t-il été récompensé? comment ont été traités les chefs qui l'avaient si bien conseillé? jetés en prison, puis en exil ; et plusieurs y sont encore. Dans les Principautés, les défenseurs de la Turquie n'ont pas de bonheur : en 1848, les Turcs accueillis avec enthousiasme, comme des frères, enlèvent par surprise une vingtaine des meilleurs, l'élite morale et intelligente de la Valachie, pour les promener de prisons en prisons ; puis viennent et reviennent les Russes qui, pour couronner les calamités de leur dernière occupation, emmenèrent une trentaine de Moldaves et de Valaques, d'innocents jeunes gens, pour la plupart, coupables seulement d'avoir manifesté leur aversion pour les Russes, c'est-à-dire leur préférence pour la Turquie ; ils n'en sont pas moins enfermés dans les forteresses de la Russie méridionale où ils gémissent encore (nous prions les plénipotentiaires de l'humanité de ne pas oublier ce détail au moment de la conclusion de la paix). Un peu plus tôt les Turcs avaient reparu sur le Danube ; le pays croit le moment venu de se joindre à eux contre l'ennemi commun, on refuse son concours ; plusieurs proscrits viennent offrir leurs services, on les rejette en exil ; cinq cents soldats valaques se présentent aux Turcs devant Kalafat, avec armes et bagages : on les dépouille de leurs armes, et on les renvoie sans défense sur le sol occupé par l'ennemi. Enfin viennent les Autrichiens, dont les excès dans les Principautés dépassent ceux des Russes eux-mêmes ; mais bornons-nous à dire ici que des vingt proscrits que la Turquie avait faits en 1848, comme trop dévoués à sa cause, il en reste douze, et que c'est à l'Autriche qu'ils doivent de n'avoir pu rentrer encore dans leur pays.

Qu'on nous pardonne cette digression ; ne pouvant aborder ici les grands enseignements de l'histoire, nous avons cru utile de rassembler en passant quelques faits qui en donnent le sens affaibli, mais très-clair. Au moment de clore notre étude sur les conditions légitimes de la suzeraineté turque, il n'était peut-être pas hors de propos de montrer, ne fût-ce que par le côté extérieur, ce que produit le régime de la suzeraineté abusive. Depuis 1848 seulement, cinq occupations étrangères; et pendant que le pays agonise, et tend les bras vers le suzerain, il ne trouve que défiance et abandon : voilà un aperçu de ce régime.

Mais revenons à l'union. Nous savons maintenant qu'elle est de droit sous la suzeraineté, nous savons même que le Règlement la consacre, ce qui revient à dire que la Russie elle-même la défendra peut-être, — elle le fera presque certainement si la Turquie s'y oppose; — mais il semble, n'est-ce pas? que la Turquie ne puisse avoir un instant cette pensée. Nous pourrions ajouter que, cette union, les puissances occidentales la désirent sans doute : la France l'a demandée l'an dernier aux conférences de Vienne; lord Redcliffe l'a proposée récemment à Constantinople, exactement telle que nous la concevons, — avec peu de succès à la vérité, mais il semble que ce ne soit là qu'un détail; il semble que l'union ne puisse faire un pli. Eh bien! nous ne sommes pas si rassuré, et c'est pourquoi nous allons continuer notre tâche.

On est convaincu par ce qui précède que l'union ne doit pas trouver d'obstacles extérieurs; mais il reste à savoir si elle est réellement souhaitable. Étant donné cet autre résultat de la première partie de notre travail, que le but à atteindre c'est la reconstitution de la Moldo-Valachie en une nation forte, — il s'agit surtout de voir si cette union doit concourir efficacement à l'objet qu'on se propose.

3. L'UNION EN ELLE-MÊME.

Le premier besoin, pour une nation qui n'est pas et qui veut être, c'est, lorsqu'elle se trouve divisée en deux tronçons, de se réunir en un seul corps. Voilà une vérité qui n'a pas besoin d'être démontrée. Toute la question est donc de savoir si, par leur désir de se réunir, les Moldo-Valaques prouvent réellement qu'ils veulent devenir une nation, et si la réalisation de ce vœu présente des difficultés intérieures.

La réunion des deux Principautés en un seul État est le vœu le plus ardent des Moldaves et des Valaques. On peut dire que c'est là chez eux une idée fixe : pour eux, presque tous leurs malheurs, dans le passé, viennent de la division; toute régénération dans l'avenir dépend de l'union. Ils ne comprennent pas l'indépendance sans l'union ; mais l'union, même sans l'indépendance, est encore pour eux une immense promesse de prospérité.

Supposons, pour un moment, qu'ils s'exagèrent la portée de ce bienfait : ne serait-ce pas déjà beaucoup, de rendre à ce pays découragé la confiance en lui-même, de lui donner le signe par lequel il croit qu'il doit vaincre ? Quel plus beau mobile d'ailleurs que celui qui repose sur un sentiment de rapprochement fraternel, sur une louable émulation d'efforts mis en commun ! Ces deux fragments de peuples sont comme deux frères qui, longtemps séparés, toujours malheureux dans l'isolement, alanguis par la pensée qu'ils ne peuvent réussir à rien l'un sans l'autre, se retrouvent et se disent : « Maintenant l'avenir nous appartient ! »

Quand un peuple s'attache tellement à une idée, il est impossible que son instinct le trompe, il est impossible que cette idée ne soit pas féconde. Et en effet, il n'y a pas là seulement chez les Moldo-Valaques un sentiment de confiance aveugle. Cette confiance est parfaitement fondée en raison. S'il est vrai de dire, en général, que l'union est un bienfait incontestable pour toute nation morcelée ; il faut ajouter qu'elle est ici réclamée plus impérieusement que partout ailleurs, par les conditions particulières dans lesquelles se trouve le peuple Moldo-Valaque.

Indiquons seulement ces raisons particulières, et sans rechercher les enseignements, pourtant très-significatifs, du passé, tenons-nous, dans ce court examen, à la situation présente.

L'union, moyen et gage de régénération.
C'est une chose malheureusement trop certaine, et qu'il faut bien reconnaître, que, depuis que les influences étrangères se sont attachées à démoraliser la patrie roumaine, pour la diviser et l'affaiblir, et surtout depuis que, sous le patronage de ces influences comme à la faveur de leurs conflits, les Fanariotes se sont abattus sur ce pays comme des vautours, — la corruption y a poussé de fortes racines : c'est là la plaie intérieure des Principautés. Non-seulement les ressorts de la vie morale en sont affectés, mais toute prospérité matérielle est entravée par là. En effet, tandis que d'une part la richesse publique est dilapidée, pourquoi, de l'autre, le paysan travaillerait-il à améliorer sa position par l'épargne qui donne un si grand stimulant aux efforts quotidiens, lorsqu'il n'est pas même sûr de récolter ce qu'il a semé ? Comment le commerce et l'industrie se développeraient-ils, lorsqu'il n'y a aucune sécurité pour les transactions, lorsque la vénalité est dans les tribunaux, lorsqu'à la première contestation qui

s'élèvera, — et le commerce, ainsi que l'industrie, sont exposés chaque jour à des procès, surtout sous un pareil régime, — on se verra ruiné par l'effet de cette vénalité? Comment, en un mot, les capitaux se produiraient-ils et chercheraient-ils un emploi, profitable aux masses comme aux individus, lorsque d'abord les sources de la richesse publique sont taries, lorsque, de plus, toutes les garanties font défaut, lorsque rien n'est stable ni dans l'état politique ni dans les conditions privées, lorsque enfin les esprits sont détournés, par mille causes et par cette instabilité même, de toutes les préoccupations d'art et de science qui seules peuvent féconder l'industrie?

Le besoin d'extirper ce mal est généralement senti, même de la plupart de ceux qui par faiblesse cèdent au courant démoralisateur. Pour y parvenir, il ne suffit pas d'un expédient, nous le savons; il faudra des réformes de toutes sortes, et parmi elles se place en première ligne la nécessité de la stabilité dans l'état politique; or cette stabilité ne peut venir qu'à la suite de l'union, comme nous l'expliquerons plus loin. Mais, pour nous en tenir ici aux effets directs que la réunion des deux pays en un seul corps doit avoir contre les principaux éléments de corruption, il est clair, que, dans cette classe, heureusement limitée, qui est le foyer des influences pernicieuses, ces influences perdent la plus grande part de leur puissance, du moment que le cercle de leur action s'élargit et que le terrain même sur lequel elles opèrent est changé. Chacune des deux Principautés séparées est la proie de quelques personnes et de quelques familles : aussitôt qu'elles sont réunies, ces influences locales s'annulent par leur opposition, par leur déplacement, elles s'annulent surtout devant la résurrection de l'esprit général, devant le sentiment rendu aux populations qu'une ère nouvelle va commencer. Pour les Moldo-Valaques, en effet, l'union doit être le signal, compris de tous, que l'heure de la régénération est venue: et cet instinct est juste; car l'union ne peut s'accomplir sans un remaniement général des hommes et des choses.

Il faut ajouter que l'union présenterait l'avantage d'une grande économie dans les services publics, économie qui a de l'importance pour un pays où l'industrie n'a pas encore prodigué ses richesses. Avec deux Principautés il y a deux cours princières, deux ministères, deux assemblées législatives, deux directions des postes, deux administrations des douanes, deux cours des comptes, deux cours de cassation, deux universités, et ainsi du reste. En réunissant tous ces rouages, on obtiendrait une économie considérable, ou plutôt, avec les mêmes ressources accumulées, on aurait les moyens de donner une impulsion toute nouvelle à plusieurs des services publics, notamment à l'instruction primaire et supérieure et au développement des forces militaires.

Ainsi, pour approfondir les avantages particuliers de l'Union au point de vue de la prospérité intérieure des Principautés, il faudrait entrer dans l'étude des réformes de toute sorte que réclame leur état désastreux. C'est là, on le conçoit, un sujet que nous ne pouvons traiter incidemment; dans la dernière partie de notre travail, qui comporterait des développements dans ce sens, nous ne pourrons même indiquer que les quelques points capitaux, qui tombent plus directement sous l'action des puissances, au moment où elles reconstitueront les Principautés sur de nouvelles bases. Mais nous croyons en avoir assez dit pour faire comprendre que les réformes sérieuses ne peuvent venir qu'à la suite de l'union. Cette vérité peut se résumer en trois propositions :

1° l'union, en exigeant un remaniement général des hommes et des choses, et en détruisant les influences locales, sera à la fois l'occasion nécessaire et le moyen le plus puissant de pratiquer ces réformes. Si, par exemple, on veut réaliser le troisième point du programme que lord Redcliffe avait proposé à Constantinople, savoir, « l'abolition du servage, l'émancipation des paysans, la répartition proportionnelle des impôts sur toutes les classes, l'introduction de codes et de lois semblables à celles qui existent dans les pays civilisés; » la première condition, pour arriver à de pareils résultats, c'est de briser les vieux moules dans lesquels se sont pétrifiés les abus et les préjugés. — 2° Mais un pareil sacrifice des choses du passé ne peut s'accomplir qu'à la faveur d'un élan vers l'avenir, il y faut le concours de toutes les forces vives de la nation, et ce n'est pas mécaniquement, par l'emploi de moyens extérieurs, qu'un tel résultat peut être obtenu. Il est donc de toute nécessité que le sentiment de la vie nationale soit réveillé dans le corps social que l'on veut guérir de ses plaies; et l'action décisive qui doit déterminer ce réveil, comme le signe le plus manifeste pour cette nation que le moment des réformes sera venu, c'est le rapprochement de ses membres séparés. Ainsi, l'union n'est pas seulement le moyen matériel le plus efficace de transformer ce pays, c'est en même temps le moyen moral sans lequel le premier serait comme nul. S'il était besoin de chercher dans l'histoire des confirmations à ce que nous avançons, n'est-il pas évident que la conversion de la France provinciale en départements a été pour notre pays le plus grand instrument de progrès, et notamment que le Code civil eût été impossible sans elle? Mais n'est-il pas évident aussi que ce Code, et tous les progrès accomplis alors, et le fait même de la transformation de la France en départements, ne se fussent jamais produits sans l'élan national qui accompagna toutes ces réformes, qui amena le sacrifice volontaire de tous les préjugés locaux, et qui, de l'unité conquise, se fit un instrument pour de nouvelles conquêtes morales. En tenant compte de la différence des temps et des lieux, en ramenant les choses à de beaucoup moindres proportions, l'analogie est sensible; il est même éclatant que l'union des deux principautés est pour elles un fait beaucoup plus grand, que n'a été pour la France sa distribution nouvelle : imaginez ce que la France eût ressenti, si cet événement,—si solennel, et accompli avec tant d'enthousiasme, quand il était enfermé dans le cercle de son ancien territoire et dans la sphère encore inviolée de son indépendance, — eût en même temps sonné l'heure de la réunion en une même famille de deux membres entièrement séparés depuis plusieurs siècles, et d'un agrandissement légitime qui, en doublant son territoire, comme en décuplant sa vie, eût pour la première fois créé une nation; — si enfin cet événement avait été le signal de la délivrance des influences étrangères, et le gage de l'affranchissement des invasions! Eh bien, tout ce que la France eût ressenti alors de joie, et d'espérance, et de vie nouvelle, se trouve contenu, pour les Moldo-Valaques, dans ce seul mot : *union*.

Union sous une suzeraineté nettement définie, nettement restreinte aux conditions stipulées par les anciens traités, cela va sans dire ; car, à défaut de l'indépendance, il n'y a qu'une telle suzeraineté qui soit compatible avec une existence nationale. Mais il n'y a aussi qu'une telle suzeraineté qui puisse s'accommoder de l'union ; et ceci nous ramène au troisième point de notre thèse sur les avantages de l'union au seul point de vue des réformes intérieures. — 3° Si l'union est refusée en droit, empêchée en fait, les Moldo-Valaques disent, et nous disons avec eux, que, non-seulement le véritable instrument matériel et le vrai levier moral pour accomplir des réformes manquent à la fois, mais que des réformes sérieuses ne seront pas même tentées. En effet, l'union refusée aux Principautés, c'est la consécration définitive d'une suzeraineté abusive, c'est le régime turc porté à un degré d'autorité et de puissance qu'il n'avait jamais connu, puisque ce nouveau régime, contraire aux traités, se trouve alors placé sous la garantie de toutes les puissances européennes. Or, comment attendre de ce régime abusif qui a perdu les Principautés, aucun remède aux maux dont il a été la source ? — Quoi ! la suzeraineté que nous avions, diront les Moldo-Valaques, nous permettait hier encore de nous unir, le Règlement organique lui-même l'a reconnu : ce droit qui touche à tous nos autres droits, la Turquie maintenant nous le conteste, et vous nous l'ôtez ; vous faites de nous en réalité des provinces turques ; et vous prétendez nous régénérer !

En vain direz-vous que la Porte manifeste des sentiments plus libéraux à leur égard, et que maintenant d'ailleurs toutes les puissances, au lieu d'une ou deux seulement, se sont déclarées intéressées à y veiller : mais, d'abord, il est bien étrange que la bienveillance de la Porte, et la vôtre même, aient pour premier effet de les priver du plus précieux de leurs droits, — et ce début est de nature à inspirer peu de confiance ; mais ensuite, quel moyen aurez-vous de réaliser le bien que vous leur promettez, lorsque vous-mêmes vous abdiquez en faveur de la Turquie ? Ce n'est pas le tout de vous *déclarer* intéressées à leur prospérité ; sans avoir fait cette déclaration, vous y étiez intéressées dès longtemps, et vous voyez cependant à quel état de désorganisation ils sont réduits. — Quels moyens mettez-vous en œuvre maintenant pour assurer leur prospérité? Voilà toute la question. Remarquez-le bien, on ne *fait* pas la prospérité d'un peuple, on ne peut qu'aider ce peuple à la faire, en l'aidant à se placer dans des conditions favorables au développement de cette prospérité. Or, en quoi aidez-vous celui-ci? L'action de la Turquie, combinée avec les influences étrangères, l'entravait depuis un siècle : vous corroborez le régime abusif de la Turquie, en prétendant seulement mêler votre influence aux autres influences étrangères. Ainsi l'instrument qui a fait la ruine est conservé pour le salut : vous avez seulement l'intention de mieux le diriger. Mais est-ce qu'on peut faire exécuter réellement et fructueusement les meilleurs desseins par un agent qui y répugne? Il y répugnera certainement ; car, dès que le suzerain entre contre les Roumains dans la voie de la défiance et des empiétements, tout ce qui doit faire leur prospérité et leur force ne peut manquer de lui porter ombrage. Il y répugnera certainement ; car dans le moment même où tout concourt à lui montrer que les intérêts des Moldo-Valaques sont conformes aux siens, il s'obstine à le méconnaître ; dans le moment même où vous pesez sur lui de toute l'influence que vous donnent des circonstances extraordinaires, vous échouez devant sa force de négation ; que sera-ce donc, lorsque cette situation, essentiellement transitoire, aura cessé ? — Nous nous appuierons , direz-vous, sur le concours de toutes les puissances, pour le pousser dans la voie des améliorations de ce pays : mais c'est là une autre erreur. Outre que le concours même de toutes les puissances ne saurait faire opérer des réformes utiles par un intermédiaire bien décidé d'avance à en paralyser l'effet, ce concours n'est qu'une illusion ; c'est lutte patente ou secrète qu'il faudrait dire. Comment ne pas voir qu'en ce moment même, la Russie étant pour un instant mise hors d'influence, l'Autriche a déjà pris son rôle ? C'est l'Autriche qui, s'appuyant sur le vieux parti turc, revenu au pouvoir à la faveur de petits conflits d'influence entre l'ambassade anglaise et l'ambassade française, a persuadé à la Porte que l'indépendance ou même l'union des Principautés serait un malheur, et qui, ce premier résultat obtenu, se sert de la Turquie pour entraver vos projets bienveillants à l'égard de ces Principautés. Lorsqu'on voit dès maintenant si peu d'accord, lorsque aujourd'hui même l'action funeste de l'Autriche est si manifeste, qu'attendre pour l'avenir du concours dont on veut se faire un appui ?

Ce qui n'est pas douteux, au contraire, c'est que, si on laisse la Turquie arbitre nominale du sort des Principautés, avec le soi-disant correctif du concours de toutes les puissances, la Turquie opposera, d'une part, sa force d'inertie contre le bien, elle qui serait impuissante à le réaliser, le voulût-elle, et sera, d'autre part, entre les mains de la première puissance qui aura su la flatter ou la dominer, un instrument très-docile pour le mal. Celles des puissances qui sont dégagées de préoccupations perfides, qui sont intéressées seulement au salut de l'empire ottoman et à celui de la Moldo-Valachie, auront bien assez à faire de chercher à déjouer les intrigues dirigées en vue de tout obscurcir et de tout compromettre ; et plus éloignées du double théâtre de ces intrigues, comme moins rompues à de si misérables luttes, elles n'y réussiront même pas.

Mais quoi ! nous faisions entendre plus haut que les puissances occidentales seraient toutes-puissantes en Orient si elles le vou-Influence des puissances occidentales.

laient? Oui certainement, — à la condition qu'elles ne commencent
pas par se priver des moyens admirables qui sont en leurs mains, et
par déplacer le champ même de leurs salutaires influences : ce
n'est point à Constantinople, dans cette métropole des intrigues,
que doit se décider, jour par jour, pendant un avenir indéfini, le
sort des Principautés : là, sur ce terrain mouvant, nous prédisons
aux diplomates de l'Occident qu'ils seront battus : c'est ici et aujourd'hui même, que la question doit être résolue, et c'est dans
les Principautés mêmes, pour nous borner à ce point capital, que
l'influence occidentale doit perpétuellement s'exercer. Faites quelque chose pour un peuple qui espère en vous, qui ne compte que
sur vous, qui déjà ne voit que vous, lorsque jamais encore vous
n'avez rien fait pour lui ; et quand vous lui aurez rendu la vie
qui lui manque et à laquelle il aspire, soyez tranquilles : ce ne
sont pas les intrigues étrangères qui disposeront de ses destinées
ni qui troubleront ses sentiments pour vous !

Mais la question n'est pas épuisée. Nous n'avons parlé encore
de l'union, qu'au point de vue de la prospérité intérieure de la
Moldo-Valachie, et ce n'est pas là, dans la sphère des *intérêts* européens où nous devons nous renfermer, ce qui touchera directement les arbitres de la solution. Ce côté de la question nous inté-
resse toutefois indirectement de la manière la plus étroite ; car
s'il est une vérité incontestée, c'est que la force extérieure d'un
peuple ne peut s'appuyer que sur sa prospérité intérieure. Si donc
on veut faire de la Moldo-Valachie une nation forte, une barrière
aux invasions, nous n'avons pas fait fausse route, nous qui de-
mandons l'union, en établissant que cette union peut seule leur
assurer la prospérité, qui, seule aussi, peut leur donner la force.
Il faut ajouter que cette vérité est ici doublement vraie, attendu
qu'il ne s'agit pas seulement de trouver dans la Moldo-Valachie
un obstacle aux envahissements armés, mais aussi de soustraire
ce pays aux envahissements moraux, aux intrusions étrangères
qui ne se produisent qu'à la faveur de la désorganisation intérieure.

Force militaire.   Ce point établi, voyons si l'union ne doit pas aussi concourir
directement à l'objet capital qu'on se propose, qui est de donner
à ce pays les moyens de se défendre lui-même et de couvrir ainsi
la Turquie. Ici les résultats immédiats sont si patents, qu'il suffit
de les exprimer en quelques lignes. Outre que, sans l'union, nous
sommes convaincu que chacune des deux Principautés, n'étant rien,

n'ayant ni esprit public, ni finances, n'aura conséquemment jamais d'armée, tout le monde sait que deux forces réunies font beaucoup plus que se doubler : l'*union fait la force*, et, par contre, *diviser pour vaincre*, aussi bien que *pour régner*, ce sont là des vérités banales à force d'être patentes. Ainsi la question est résolue en même temps que posée, et nous ne pouvons peut-être qu'affaiblir notre thèse en la développant.

Entrons pourtant dans quelques explications particulières et locales. Du côté de la Russie, pour envisager seulement le danger comme par le passé, c'est la Moldavie seule qui offre son flanc et son flanc le plus étendu à l'ennemi : il faut que cette longue ligne soit gardée, que, sur tout son parcours, des forteresses soient occupées, et il faut en outre qu'une force mobilisable dans le pays puisse se porter sur chaque point menacé, et faire face à l'ennemi, lorsqu'il aura forcé le passage. Est-ce la Moldavie toute seule, la moins forte des deux Principautés, qui pourra satisfaire à cette double nécessité? Évidemment non; ce que la Moldo-Valachie disposant d'un effectif plus que double, qui obéirait à une seule impulsion, eût pu faire facilement, la Moldavie seule y est forcément impuissante. Dira-t-on qu'en cas menaçant les deux Principautés peuvent réunir leurs forces? elles le peuvent, oui, si d'abord elles en ont, ce dont il est permis de douter sous le régime de la suzeraineté abusive inséparable de la non-union, si ensuite le temps leur en est laissé, si les deux princes ne sont pas en état de rivalité, si mille longueurs et mille entraves ne sont pas opposées, et par les intrigues étrangères, et par les Turcs eux-mêmes qui seraient intéressés à la défense commune; et enfin, tous ces *si* écartés, toutes ces difficultés résolues, il est encore manifeste que la force réunie des deux États séparés ne sera pas ce qu'elle eût pu être sous l'impulsion d'une seule autorité centrale et sous l'unité de commandement.

Mais, en réalité, comme, sous le régime de la suzeraineté non définie, les forces militaires de la Moldavie et de la Valachie ne pourront prendre aucun développement sérieux, ce seront sans doute des Turcs, peut-être des Autrichiens qui occuperont les forteresses (situation bien commode pour l'Autriche, si c'est elle qui veut entrer en campagne contre les Principautés et contre la Porte), et comme cette double occupation sera une autre cause de mécontentement et d'irritation extrême dans le pays, à joindre à toutes celles que la continuation du régime de suzeraineté abusive aura apportées, les moments de crise en face de l'ennemi seront ceux où la Turquie redoutera le plus, à tort ou à raison, l'armement des Roumains : loin de faire alors appel à leurs sympathies, elle ne pensera qu'à étouffer leur réveil.

Nous avons voulu exposer sommairement et d'une manière générale ces considérations aussi simples qu'irréfutables, sans les embarrasser dans les explications qu'exige un autre point très-important de la question. Mais, quoiqu'il soit d'ailleurs bien tard pour aborder ce point avec quelque chance de succès, nous ne saurions le passer sous silence : il s'agit de la ligne de défense de la Moldavie du côté de la Russie, c'est-à-dire de la principale frontière de cette Moldo-Valachie, dont on veut faire un boulevard à la Turquie contre le czar.

Quand on parle de l'union en général des deux Principautés, comme lorsque l'on considère la Moldo-Valachie au point de vue de la force de résistance qu'elle peut offrir, il est impossible de ne pas songer à la Bessarabie (nous ne voulons pas faire mention de la Bukowine). En effet, il y a là un territoire et des habitants, également roumains, qui, enlevés sans aucun droit à la Moldavie, doivent lui revenir et apporter un élément de plus dans l'union ; et il y a là, en outre, une frontière naturelle, doublement fortifiée par la nature et par l'art, qui doit contribuer puissamment à mettre la Moldo-Valachie à l'abri des atteintes de la Russie : cette frontière, c'est le Dniester, un des plus grands fleuves de l'Europe, qui, indépendamment de l'obstacle important qu'il constitue par lui-même, est garni sur la rive roumaine de forteresses considérables, élevées de longue date, Akerman, Bender, Chotym, etc. Depuis les temps anciens jusqu'à 1812, cette frontière si forte a été celle de la Moldavie du côté de la Russie ; il est incontestable et incontesté que tout le territoire purement roumain qui se trouve au midi de ce fleuve, et qui forme la Bessarabie, a été injustement acquis par la Russie, que la Porte n'avait aucun droit de le céder, et que le czar n'avait aucun titre pour s'en emparer. C'est ce que confirme expressément la circulaire déjà citée de M. Walewski[1]. Un des premiers effets de la guerre

---

1. Après avoir montré l'ingérence fatale de la Russie dans les Principautés, le ministre ajoute : « C'est ainsi que la Moldavie a perdu la moitié du territoire qui lui avait été *garanti par les sultans.* »

entreprise pour annuler les empiétements de la Russie en Orient, devait donc être de rendre aux Principautés cette province, égale en étendue à la Moldavie actuelle : comment se fait-il que la restitution stipulée par les propositions de Vienne ne porte que sur la moitié du larcin ? Voici le texte ; nous ne disputerons pas sur les termes qui ôtent à la restitution le caractère qu'elle devait avoir, ne voyons que le fond des choses : « En échange des places fortes et territoires occupés par les armées alliées, la Russie consent à une rectification de sa frontière avec la Turquie européenne. Cette frontière, ainsi rectifiée d'une manière conforme aux intérêts généraux, partirait des environs de Chotym, suivrait la ligne de montagnes qui s'étend dans la direction du sud-est, et aboutirait au lac Salzyk. Le tracé serait définitivement réglé par le traité de paix, et le territoire concédé retournerait aux Principautés et à la suzeraineté de la Porte. »

Lorsqu'il est bien évident que la Russie n'a pas plus de droits sur la moitié de ce territoire que sur sa totalité ; lorsque, au lieu de se réserver les difficultés d'un tracé à faire contradictoirement, la ligne du Dniester était si simple, d'où vient donc qu'on a transigé ? C'est donc que la Russie tenait beaucoup à cette transaction ? Mais comment se fait-il qu'un si grand pays attache tant d'importance à une langue de terre qui ne contient pas plus de 500 000 habitants ? La raison est bien claire : c'est que, par cet arrangement, les Principautés n'ont pas de frontières du côté de la Russie ; elles en sont même plus dépourvues qu'auparavant ; car, diminuées de la Bessarabie, elles avaient du moins le Pruth, qui n'est qu'une rivière peu importante, mais qui forme une ligne de défense bien nette, tandis que le chaînon de montagnes qui part des environs de Chotym et qui s'abaisse bien avant Lapoutchna, c'est-à-dire vers le tiers ou la moitié du parcours de la nouvelle frontière, ne présente plus, à partir de ce point, aucune ligne précise : là, ce chaînon se divise à droite et à gauche de la direction indiquée vers le lac Salzyk, et s'éparpille en plusieurs séries de collines de plus en plus basses, à mesure qu'on se rapproche de la mer. A la vérité, les terres qui s'étendent de ce côté sont sillonnées par divers cours d'eau, notamment par le Kogalnik ou Kouroundouk et la Sarata, qui, tous deux, se jettent dans le lac Salzyk, et dont le premier servira sans doute de ligne de démarcation entre les deux pays ; car il suit la direction indiquée, et sa source rejoint à peu près le point où le chaînon de collines perd toute élévation et toute précision[1]. Mais il faut savoir que ces rivières ne sont, dans la plus grande partie de leur cours, que des filets d'eau, et que même, aux approches de la mer, si nous en croyons des renseignements par malheur incomplets, elles sont à la fois sans escarpement et guéables sur presque tous les points. Quelle résistance peut présenter une pareille ligne, composée, à une extrémité, de montagnes peu élevées, dont on partage le sommet avec l'ennemi, et marqué seulement, sur tout le reste de son développement, par un ruisseau que l'ennemi peut franchir librement? Pour rendre cette ligne, qui a pour le moins de 60 à 80 lieues de longueur, capable de défense, il faudrait une série de travaux d'art impossibles. Outre que les dépenses fabuleuses qu'une telle série de travaux exigerait, la Russie sait bien, et l'Autriche aussi, que sous le régime de la suzeraineté abusive et de la non-union, ce ne sont ni les Roumains qui auront la liberté de tenter ce prodige, ni les Turcs qui auront les moyens de l'accomplir. Ainsi, les Principautés, si bien et si fortement limitées de tous les autres côtés, les Principautés qui, au nord-est, avaient sur le Pruth une frontière passable, et qui, en rentrant en possession de la Bessarabie entière, devaient y retrouver une frontière excellente, restent, en réalité, sans frontière du côté de la Russie. En d'autres termes, la Russie a la frontière roumaine chez elle, au lieu de l'avoir entre elle et les Principautés. On comprend maintenant, l'intérêt énorme que le czar attache à cette langue de terre qui paraissait insignifiante.

La ligne du Dniester était d'autant plus importante pour les Principautés qu'elle permettait aux puissances maritimes de se porter, dès la première alerte, sur Akerman, point capital, le

1. En suivant dans ces explications une carte déjà ancienne que je crois bonne, j'ai peut-être encore donné trop d'importance à ces montagnes, qui, dans tous les cas, n'en ont guère, puisqu'elles sont reléguées à la pointe supérieure du pays, loin des routes que les Russes ont toujours suivies. Voici ce que m'écrit un homme très-compétent : « La ligne désignée dans le protocole est la ligne de partage des eaux qui se rendent d'un côté vers le Pruth et de l'autre vers le Dniester : cette ligne a été sans doute prise pour une chaîne de montagnes, ainsi que cela résulte de la plupart des cartes de Bessarabie, qui sont toutes mauvaises; mais il n'y a même pas l'ombre de montagnes en Bessarabie, et c'est à peine si cela peut s'appeler des collines. C'est un pays plat, parfaitement plat, et qui ne présente, sur ladite ligne de partage des eaux qui coulent à droite et à gauche, que quelques rides très-légères, et dont aucune ne s'élève au-dessus de 500 pieds de hauteur au-dessus du niveau de la mer Noire : ceci est positif, vous pouvez l'affirmer. Le Dniester est la seule ligne de défense possible pour les Principautés, etc. »

fleuve pouvant être facilement remonté jusque-là par les navires
de guerre. Avec Bender et Chotym, il était aisé, d'autre part, à de
troupes de terre peu nombreuses, de rendre le passage du Dniester très-difficile et très-périlleux pour une armée russe[1].

Mais l'insistance même que le czar apportait ici aurait dû ouvrir les yeux aux puissances occidentales, et leur montrer que
l'arrangement proposé vient à l'encontre du but qu'elles ont, et
qui est de donner une force de résistance considérable à la Moldo-
Valachie. Comment donc l'Autriche, qui connaissait si bien le fort
et le faible de tous ces points, a-t-elle induit ces puissances en
une pareille faute? C'est que, par le nouvel arrangement, l'Autriche a tout ce qu'elle veut, tout ce qui lui importe quant à présent,
à savoir, la liberté des bouches du Danube, ce qui équivaut, dans
sa pensée, à la faculté de convertir ce fleuve en fleuve tout à fait
allemand. Du moment, en effet, que les Russes n'occupent plus
ces embouchures, qu'ils ont presque toutes obstruées à dessein, il
est d'abord évident que la suprématie de la navigation sur ce
grand fleuve est assurée à l'Autriche, et qu'il lui appartiendra,
plus qu'à tous autres, de faire les grands travaux nécessaires pour en
dégager les passes. Ce n'est certes pas nous qui nous plaindrons
d'une amélioration qui devrait aussi profiter à la Moldo-Valachie,
et qui touche aux intérêts du commerce et de la civilisation en
général. Mais les vues de l'Autriche ne s'arrêtent pas là; et la
preuve qu'elle apporte ici des préoccupations toutes particulières,
résulte précisément de l'empressement qu'elle a mis à adopter un
arrangement qui compromet la sûreté des Principautés, et qui
n'est de toute évidence qu'un compromis entre les intérêts tout
particuliers du czar et les siens. Il ne faut pas perdre de vue que
l'immense delta formé par les bouches du Danube constitue un
terrain neutre, qui doit rester tel en partie, d'après les traités, et
qui l'est de fait entièrement puisqu'il est inhabité. Ce terrain
neutre, les Russes en ont accaparé peu à peu les points à leur con-
venance, et ils y ont fait des établissements. Maintenant il faut
qu'ils l'évacuent. Mais ce que les Russes ont fait, l'Autriche pourra
bien le faire à sa place, elle qui, au lieu d'obstruer les passes, se

---

1. Certainement aussi la frontière du Dniester, en donnant à la Moldo-Valachie
une côté très-accidentée, fournissait à ce pays, qui est aujourd'hui séparé de la
mer, qui ne va y toucher que par un point où il rencontre la Russie et l'Autriche,
la facilité de créer d'excellents ports. C'est une chose grave qui m'avait échappé
et que je n'ai plus le temps d'examiner.

donnera la mission de les dégager : ce sera là pour elle à la fois un point de domination commerciale très-important, un point stratégique non moins fort, et enfin un point d'appui très-solide pour les colonisations qu'elle médite dans les Principautés. Ainsi possédant le cours supérieur du fleuve, elle dominera encore la Moldo-Valachie par ses embouchures, exerçant sur elle une triple pression commerciale, stratégique et colonisatrice. Ce sera assez bien commencer, et l'on conçoit qu'en retour de pareils avantages, l'Autriche soit coulante avec la Russie sur la question de la frontière moldave.

Non-seulement cette dernière question ne touche pas directement l'Autriche, mais elle espère bien trouver son compte aussi à l'état de désordre et d'instabilité que l'incertitude de la frontière roumaine du côté de la Russie, et toutes les autres solutions de la question moldo-valaque, comme elle les entend, doivent entraîner. Sous le régime de la suzeraineté abusive et de la non-union, il est bien clair que la détestable frontière de la Moldavie du côté de la Russie ne saurait être gardée par la Moldavie seule : donc, presque certainement, on y mettra des Turcs, et on y laissera, pour un temps au moins, des Autrichiens ; voilà donc l'Autriche qui tient le pays, non-seulement par tous les côtés, mais par son beau milieu. Pauvre pays ! Nous avons dit ce qu'y seraient seulement les Turcs ; ceux qui sont un peu au courant de ce qui s'y passe aujourd'hui, savent ce qu'y sont les Autrichiens : eh bien ! l'une ou l'autre de ces calamités ne suffisait pas, il les aura toutes les deux.

Mais voilà, ce semble, qui ne fait guère les affaires de la Russie, et elle devrait bien au moins dévoiler de pareilles menées : Erreur ; peut-être cherchera-t-elle à les déjouer en quelque point dès maintenant ; mais comme, d'une part, elle a tout ce qu'elle pouvait obtenir quant à présent, et ce qu'elle ne pouvait obtenir que par la complicité de l'Autriche, à savoir la possession du Dniester ; comme, d'autre part, elle espère bien profiter à son heure du résultat des manœuvres de l'Autriche, elle ne les dévoilera pas. L'Autriche et la Russie comptent l'une sur l'autre, et à bien juste raison, pour se faire détester dans les Principautés, et elles comptent ensemble sur la Turquie pour y remplir, avec moins de clairvoyance, le même rôle ; elles savent bien que celle des deux qui occupe ce pays, si elle n'y reste pas, ouvre la route à l'autre. Chacune à son tour espère y assurer sa domination en l'occupant ; mais celle qui est évincée momentanément prévoit bien que son tour viendra. Eh ! qui oserait assurer aujourd'hui, si toutes choses se passent comme l'entend l'Autriche, que la meilleure chance ne soit pas encore à la Russie ? Les Autrichiens ont déjà réussi dans les Principautés à faire presque regretter les Russes ; qu'ils y amènent maintenant les Turcs à l'état de garnisons permanentes, que la situation désespérée de la Moldo-Valachie continue et s'aggrave ; que, par les dispositions du traité européen qui va se conclure, tout espoir soit ôté aux Roumains du côté des puissances occidentales ; et que, le moment venu, la Russie se présente, — il lui est facile d'entrer, la frontière reste ouverte, — et dise : « Voilà donc le beau résultat de la régénération promise ! On a méconnu més intentions. Moldo-Valaques, n'ai-je pas toujours défendu vos droits et vos priviléges ? Souvenez-vous que c'est moi qui ai déjà chassé les Turcs de vos forteresses ; votre condition est bien pire aujourd'hui qu'elle n'était alors. Venez à moi, je vous apporte la délivrance ! » Dans de si horribles conjonctures, on conçoit, non-seulement l'inertie bien certaine, mais l'égarement même d'une population qui ne se serait vue délivrée des Russes que pour retomber sous un double joug plus lourd encore ; et, devant une situation si complexe, après un premier essai si coûteux et si infructueux de solution, les puissances occidentales elles-mêmes pourraient bien ne savoir que dire et que faire.

Non, il n'est pas possible que les demi-mesures qui prépareraient l'accomplissement de pareils desseins, prévaillent dans les conseils de l'Europe. Il est trop tard, nous le craignons, pour qu'on puisse revenir sur la délimitation de la frontière moldave ; mais si les Principautés se trouvent par là malheureusement affaiblies, c'est une raison de plus, si on veut qu'elles aient encore de la force, pour les unir. Plus il est évident que la Moldavie seule ne peut suffire à la défense de son territoire ouvert, plus il est nécessaire de fondre la Valachie avec elle.

Ces deux pays séparés ne sont presque rien : réunis ils feraient une nation de plus de cinq millions d'âmes, qui aussitôt que ses ressources seront développées sous une bonne administration, peut entretenir en temps ordinaire une armée de quarante à soixante mille hommes suivant les besoins, et qui, dans les moments de grand danger, opposerait à l'invasion, s'il le fallait, plus de cent mille combattants.

On sait d'ailleurs combien les Roumains font de bons soldats. Sans parler du temps où ils luttaient victorieusement contre les nations les plus guerrières et les plus redoutables de leur voisinage, Hongrois, Polonais et autres; c'est parmi les Roumains de son empire que l'Autriche recrute ses meilleures troupes. Il est à remarquer encore que dans les guerres du commencement de ce siècle entre les Turcs et les Russes, alors que les Moldo-Valaques flottaient entre les deux influences contraires, c'est presque toujours du côté où s'étaient joints des détachements de troupes roumaines qu'inclinait la victoire.

Ainsi tout plaide en faveur de la cause que nous défendons; et nous cherchons en vain les obstacles. Pour tout épuiser, faut-il parler de la capitale qui devrait être adoptée pour une nouvelle Moldo-Valachie? On pourrait alléguer ou supposer quelque difficulté à cet égard, quelque rivalité entre Iassy et Bucharest. À cet égard nul malentendu entre les Moldaves et les Valaques. Les uns comme les autres reconnaissent que Bucharest a tous les titres; c'est une ville de plus de cent vingt mille âmes, beaucoup plus importante qu'Iassy, beaucoup plus vivante, plus centrale aussi, mieux placée, au point de vue commercial, à cause de sa proximité du Danube, auquel elle se relie par un petit fleuve susceptible de devenir très-navigable, aussi bien qu'au point de vue stratégique, surtout si la frontière du Dniester reste aux Russes : dans ces conditions en effet, Iassy, toute voisine du Pruth, serait à la merci du premier coup de main. Il faut ajouter que la Valachie, par sa configuration topographique, se prête bien mieux que la Moldavie à une résistance désespérée, en cas d'invasion; elle est tout coupée de montagnes et de cours d'eau, qui offrent de grandes ressources pour la guerre de partisans, pour la lutte suprême où chacun se fait soldat.

On avait bien parlé, afin d'éviter toute rivalité possible, de choisir pour capitale Fokschany qui se trouve sur la limite des deux pays. Mais cette ville, perdue dans les terres, n'a aucune importance, elle n'offre aucunes ressources naturelles pour la défense, elle ne présente aucun des avantages accumulés dans Bucharest. D'ailleurs, on n'improvise pas une capitale. Aussi devant le louable empressement des Moldaves à accepter Bucharest, cette idée paraît-elle abandonnée. Du reste, à part quelques intrigants intéressés à une séparation qui seule assure leur influence et leur permet d'aspirer au gouvernement de chacun des deux petits États, on peut dire qu'il n'est pas un Moldave ou un Valaque qui n'acceptât pour capitale un village quelconque, si, par absurde, l'union était à ce prix.

V.

RÉSUMÉ, CONSIDÉRATIONS GÉNÉRALES ET RÉPONSE AUX OBJECTIONS.

Résumons-nous. Par les efforts que les ennemis de la Turquie et de l'ordre européen poursuivent depuis un siècle, et continuent encore aujourd'hui, en vue d'affaiblir et d'absorber les Principautés, nous avons montré de quelle importance il est, pour les puissances occidentales qui veulent la paix du monde, de fortifier et de régénérer ce peuple moldo-valaque, qui doit servir de rempart à la Turquie et de barrière aux envahissements moraux et matériels de ses deux redoutables voisins. Après avoir établi cette vérité, qui n'est guère contestée, mais que nous avons cru nécessaire de montrer dans tout son jour, nous avons tâché de faire passer dans l'esprit de nos lecteurs la conviction profonde où nous sommes que, pour atteindre le but qu'on se propose, il faut, de toute nécessité et comme condition première, donner aux Principautés l'indépendance (qui aurait pour effet immédiat leur union), ou tout au moins l'union sous une suzeraineté conforme aux anciens traités.

Nous avons nettement séparé ces deux propositions connexes, de l'indépendance et de l'union, parce que, sans doute, les membres du Congrès les distingueront; et c'est dans la seconde que nous avons réuni nos développements et nos preuves, parce que c'est la plus modeste, celle qu'il paraît impossible de ne pas faire accepter. Il nous a semblé d'ailleurs que, dans cette cause, par extraordinaire, en prouvant le moins on était bien près de prouver le plus. Il n'aura échappé à personne, en effet, que le régime de vassalité, conforme aux capitulations et fortifié contre les empiétements du suzerain par l'union, approchait beaucoup de l'indépendance; et, d'autre part, il est bien clair que les avantages promis par l'union sont encore beaucoup mieux assurés par l'indépendance complète : d'où il résulte que, l'union admise, il y a encore de fortes raisons pour aller jusqu'à l'indépendance, et bien peu à faire pour y arriver. L'union cependant ne peut être refusée sans déni de justice et sans se mettre en contradiction avec la fin qu'on se propose : c'est ce que nous croyons avoir solidement établi.

Nous ne pouvions guère, d'ailleurs, prouver les avantages de l'indépendance, abstraction faite de l'union. Car l'union est, bien entendu, la première conséquence de l'indépendance complète, comme c'est la première réclamation de l'indépendance sous la suzeraineté, telle qu'elle est définie par les capitulations. Ainsi, en discutant l'union, nous entrions seulement d'un degré de plus dans la réalité, et ce milieu nous était favorable pour mieux apprécier la nouvelle existence du peuple moldo-valaque.

Nous croyons avoir suffisamment indiqué tous les avantages, au point de vue des intérêts moldo-valaques comme au point de vue des intérêts européens, de la réunion des deux pays en un seul État. Du côté de la suzeraineté (si la suzeraineté est maintenue), en même temps que cette union est de droit, elle est de garantie nécessaire ; car, en la refusant, on affaiblit à la fois les Principautés, et dans leur droit et dans leur faculté de résistance aux nouveaux empiétements sur le droit ; on consacre en réalité leur servitude, on place, pour ainsi dire, l'anéantissement de cette nation sous la garantie de l'Europe. Sans l'union, point de prospérité intérieure, car elle est à la fois l'instrument matériel et le ressort moral de toute régénération. Sans l'union, point de force militaire, point de moyens de résistance contre les invasions, nulle barrière morale ni matérielle entre la Turquie d'un côté, l'Autriche et la Russie de l'autre. Sans l'union, enfin, aucune stabilité possible en Orient ; le pays reste le champ ouvert à toutes les ambitions, à toutes les intrigues, à tous les envahissements ; et, dans cette nation, qui devait être le plus ferme appui de la Turquie, tout ce qui reste encore de force se retourne contre elle : une population de cinq millions d'âmes de plus ou de moins pour soi ou contre soi, c'est quelque chose !

Avantages
positifs pour
toutes
les nations. Après une telle accumulation d'arguments européens, faut-il faire appel aux intérêts pour ainsi dire personnels de chaque nation ? Après avoir montré aux peuples de l'Occident les énormes dangers qu'ils conjurent en adoptant une politique aussi sensée que généreuse, faut-il montrer les avantages positifs qu'ils doivent en retirer ? Il est certain qu'il ne peut y avoir accroissement de prospérité légitime chez un membre de la grande famille humaine, sans que tous en ressentent les bienfaits. Les bienfaits seront d'autant plus grands ici, qu'il ne s'agit pas seulement d'un amoindrissement graduel, mais d'une transformation nouvelle et presque subite. La Moldo-Valachie est un sol vierge et qui renferme toute sorte de richesses inexploitées, richesses agricoles

avant tout, si fécondes que, presque sans culture, elles approvi-
sionnent déjà les greniers de l'Europe, mais richesses industrielles aussi, telles que mines d'or et d'autres métaux précieux,
grands bois de construction, qui n'attendent que des capitaux et
des mains expérimentées. Les nations industrielles et colonisa-
trices, comme l'Angleterre et l'Allemagne elle-même, trouveront
là des débouchés nouveaux pour leurs produits et pour l'excédant
de leur population; d'autres, comme la France et l'Italie, auxquelles appartient surtout l'influence civilisatrice, rencontreront
dans ce pays des sympathies d'autant plus vives qu'elles sont
éveillées et fortifiées par des instincts de races : leur esprit, im-
planté sur ce sol nouveau, rayonnera alentour, sur tout l'Orient;
et, par cette voie de satisfaction morale, elles aboutiront aussi, sans
y songer, aux avantages matériels. De tous les points de l'Europe,
les capitaux seront appelés à féconder une civilisation naissante : il
en faudra beaucoup pour créer des routes, des canaux, des chemins
de fer; et ce sera pour les capitalistes de toutes les nations une
source de grands profits, en même temps que pour la Moldo-Valachie
le meilleur gage et le plus puissant instrument de sa prospérité.
Enfin, chaque nation aussi, car il ne faut pas rapetisser la cause,
aura le bénéfice de cette bonne pensée, qu'il y avait là un peuple
agonisant qui demandait la vie, — et auquel la vie a été rendue;
qu'il y avait là près de cinq millions d'hommes qui ne sont pas
positivement serfs, comme on le croit généralement, mais qui,
sous le poids de tant d'invasions et sous l'action combinée de tant
de régimes oppressifs et désastreux, tous résumés dans le fameux
Règlement organique, étaient arrivés à une condition pire que
celle du servage, — et que ces cinq millions de malheureux devront
à l'ordre nouveau les bienfaits de la liberté, de la sécurité, du
travail productif et moralisateur, c'est-à-dire, avec les joies de la
patrie délivrée, celle de l'homme libre et de la famille affranchie.

Ainsi, l'Autriche et la Russie n'auront pas, il est vrai, les avantages qu'elles réclament et qu'elles prétendent fonder sur la
servitude et la mort d'un peuple, (pour ne parler que de celui-ci);
mais de ce peuple libre et vivant sortiront des avantages bien plus
précieux, qui profiteront à toutes les nations, et dont ces deux-là
auront elles-mêmes leur part. Et qui sait même si ce petit peuple,
posé d'abord comme barrière à leurs convoitises, comme instrument de séparation entre des intérêts hostiles, ne sera pas un jour
le point de ralliement et le conciliateur bienfaisant de tant de pas-

Centre d'alliance
et d'ordre
nouveau en
Orient.

sions rivales ! Devant l'impossible, les mauvaises pensées s'éva-
nouissent. Ne dit-on pas déjà que, pour occuper les loisirs que va
lui faire, pour quelque temps au moins, la solution de la question
d'Orient, le czar médite de grandes réformes dans son empire ?
Faites que ces loisirs soient durables ; donnez-en de pareils à
l'Autriche, s'il se peut, et à la Turquie elle-même : tout le monde
y gagnera. Le moment viendra ensuite où, sur cette terre qui fut
l'objet et le théâtre de leurs rivalités, ces nations se rencontreront, non plus comme en un champ clos, mais comme en un
rendez-vous d'alliance.

Il ne faut pas perdre de vue, en effet, que de toutes les races
du monde, la race latine, qui n'est partout qu'une greffe sur
d'autres races, est la plus sympathique, la seule qui s'accommode
plus ou moins du contact de toutes les autres. C'est une merveille
et un bienfait providentiel qu'un membre de cette grande famille
latine se trouve aujourd'hui placé aux confins de l'Orient, entre
tant de peuples divers par leurs origines, opposés par leurs mœurs
et leurs instincts. Quels que soient les démembrements et les dis-
locations qui puissent se produire dans l'Europe orientale, une
Moldo-Valachie reconstituée sera comme l'arche de salut dans ce
déluge.

Il est impossible, en effet, de s'en tenir indéfiniment dans la
politique de l'Orient à un principe négatif comme celui de
l'intégrité de l'empire ottoman : un principe, non de théorie,
mais de fait, qui est contredit par les faits. Il est tout simple que
l'Autriche défende ce prétendu principe qu'elle sait mieux que
personne vide de sens ; il est tout simple qu'elle essaye d'abuser
avec ce mot les puissances occidentales, elle qui ne vit que de né-
gations, qui ne grandit que par les chutes qu'elle prépare ; il est
tout simple aussi qu'elle ait par là beaucoup de prise sur la Turquie, et principalement sur le vieux parti turc, qui, non-seulement
ne doute pas que le présent ne soit bien assuré, mais qui rêve
encore de conquêtes : elle est dans des conditions d'autant meilleures pour perdre la Turquie en la flattant, qu'elle peut identifier
son principe avec le sien, et lui dire : « Moi aussi, je n'ai de droit
et d'existence que par la conquête. » Elle n'ajoute pas qu'elle a
encore la force de s'étendre, tandis que la Turquie n'a plus celle
de se maintenir. Dans tous les cas, les puissances occidentales ne
sauraient se laisser prendre ni à de tels mensonges ni à de telles
illusions.

Nous aurions beaucoup à nous étendre sur ce sujet ; le temps nous manque, et peut-être d'ailleurs notre objet précis ne comporte-t-il pas de tels développements. Un mot, cependant, pour rendre notre pensée générale. Entre le radicalisme intéressé du czar, qui prétend la Turquie déjà morte, afin de prendre son héritage, et le quiétisme non moins calculé de l'Autriche, qui veut l'endormir pour la dépouiller à petit bruit, n'est-il pas nécessaire d'adopter une politique à la fois conservatrice et prévoyante, qui, sans nier le mal comme sans l'exagérer, pourvoie en même temps aux nécessités du présent et aux éventualités de l'avenir, qui, en recueillant à propos, et en vivifiant chaque membre qui se détache fatalement et de lui-même, prévienne d'une part la dissolution de tout le corps engagé, et dépose de l'autre les germes féconds d'un ordre nouveau ?

Mais pour sauver la cause que nous défendons, il n'est pas même nécessaire d'entrer résolûment dans cette politique aussi juste que salutaire. Si la Turquie et l'Autriche invoquent l'intégrité de l'empire ottoman contre l'union aussi bien que contre l'indépendance, disant que l'une équivaut presque à l'autre et peut y conduire, que tout ferment d'indépendance est dangereux dans cet empire ébranlé ; il est facile de lui répondre : En principe il n'y a là aucune concession qui tire à conséquence ; les deux Principautés ne sont pas des pays conquis faisant partie intégrante de l'empire ottoman ; il n'y a entre elles et le sultan qu'un contrat qui liait les deux parties dans des circonstances données, et qu'il est avantageux pour les deux parties de rompre, ces circonstances ayant changé : au profit du sultan tout se réduisait finalement à un tribut qui n'a plus de cause et qui n'est pour le sultan lui-même qu'une source de grands embarras : il est donc tout simple qu'il y renonce. Voilà pour l'indépendance, si c'est à cette solution, de beaucoup la meilleure assurément, que l'on s'arrête. Quant à l'union, elle ne saurait être refusée ; la faculté pour les deux Principautés de s'unir est en dehors du contrat : voilà pour la seconde solution. Dans l'un ou l'autre cas, il n'y a rien là qui puisse autoriser des exigences nouvelles de la part des populations voisines qui se trouvent placées dans de tout autres conditions. En principe donc la puissance du sultan ne reçoit aucune atteinte ; mais en fait elle se trouve garantie et fortifiée doublement, 1° parce que la Moldo-Valachie unie et régénérée protége la Turquie contre ses ennemis du côté du Danube ; 2° parce que le

Réponse aux objections possibles de la Turquie et de l'Autriche.

sultan compte dans son empire cinq millions de mécontents de moins.

Les puissances intéressées à empêcher la formation d'un État nouveau sur le Danube, feront peut-être une autre objection, tirée de leur prétendue connaissance de l'état des choses. Elles diront sans doute que le peuple moldo-valaque est un peuple corrompu et dégénéré, duquel il n'y a rien à attendre, et qui ne répondra à aucun des avantages qu'on se promet en lui donnant l'indépendance ou quelque chose qui en approche. Ce sont là de ces allégations bien faciles à faire, mais également difficiles à établir et à réfuter : car pour trancher complétement une pareille question, il n'y aurait qu'un moyen, ce serait d'y aller voir. Encore faudrait-il y voir attentivement et ne pas s'arrêter à la surface des choses; car en se renfermant dans une classe très-restreinte, mais la seule qui s'offre à la fréquentation habituelle du voyageur, on risquerait d'être gravement abusé. Pour nous, nous dirons en toute sincérité ce que nous croyons fermement : Non, le peuple moldo-valaque n'est pas un peuple corrompu et dégénéré. Il est très-vrai que la classe supérieure a de grands vices; ces vices, nous ne les avons pas dissimulés; nous-même nous y insisterions peut-être encore une dernière fois, si nous n'avions la crainte de faire des blessures inutiles et de troubler les aspirations meilleures qui, dans ce moment même, se manifestent dans tous les rangs de cette nation rendue à l'espérance. Mais ces vices, importés du Fanar, cette corruption, cette vénalité, cet esprit d'intrigue, restent circonscrits dans une classe très-peu nombreuse et nettement distincte de tout le fond de la population. Et quand nous parlons de cette classe si limitée, qu'on n'aille pas croire que nous l'offrons tout entière en holocauste à l'opinion : il y a dans cette classe même, assez d'exceptions généreuses non-seulement pour la racheter, mais pour sauver la nation tout entière, si celle-ci était rendue à son indépendance complète, extérieure et intérieure. C'est ici l'écrivain qui parle tout seul, il le peut et il le doit, quoiqu'on ne l'en ait pas prié; et il ose ajouter que cet écrit lui-même, inspiré par l'immense majorité des Moldo-Valaques présents à Paris, entièrement conforme à leurs vues et à leurs sentiments, porte assez témoignage. Mais ce qu'on le presse de dire, parce que c'est là une vérité impersonnelle et capitale, c'est que le fond de la nation (c'est-à-dire les cinq millions environ qui subsistent après déduction faite) est bon, intelligent, tout pénétré encore de la forte tradition des ancêtres et tout rempli déjà du sentiment de la régénération prochaine.

Mais dans cette question où les preuves sont si difficiles en l'un ou l'autre sens, j'aperçois même des preuves : — Un peuple abruti, dit-on : — lisez les ballades populaires de la Romanie. — — Un peuple énervé. Nous avons dit ses vertus guerrières, et nul ne peut les contester. — Un peuple brutal, inhumain :.... Oh ! voilà ce qui n'entrera jamais dans la pensée, même de ses accusateurs : 1848 est là pour répondre.

Mais en vérité il y a une preuve plus étonnante de la puissance de vitalité que recèle cette nation. Depuis le Bosphore et l'Archipel, jusqu'à la Russie, jusqu'à la Prusse, jusqu'aux Alpes, il y avait bien douze ou quinze peuples : tous ont été conquis, soumis, incorporés à d'autres États; tous ont succombé, — et il y en avait de bien redoutables qui le sont même encore, — les uns absorbés par la Turquie alors si puissante, les autres par l'Autriche. Un seul, et le plus foulé par les invasions barbares des premiers siècles, le plus aventuré dans la mêlée du moyen âge, — car il se trouvait isolé entre tous les autres, et il avait tant d'ennemis à combattre qu'il ne savait de quel côté tourner ses coups, — un seul a échappé, a pu garder une ombre d'indépendance; et vous lui contestez le droit de vivre! Aujourd'hui il est brisé, nous ne le nions pas; pendant que les autres peuples étaient abrités du moins sous la servitude, ayant eu, lui, à supporter le choc des plus grandes ambitions des temps modernes, à subir, depuis la fin du dernier siècle, nous ne savons plus combien d'invasions armées, et dès avant cela l'invasion plus redoutable encore du Fanar, il a failli succomber ; mais quel autre à sa place fût resté debout? Depuis quelque temps, il est vrai, ce peuple est comme un navire désemparé qui flotte au gré des vents contraires ; il n'a perdu toutefois ni sa boussole ni ses rameurs ; et que disputons-nous sur les chances qu'il a de se sauver ou de périr, quand le voilà qui touche au port!

Une dernière réflexion pourtant. S'il est une chose certaine, c'est que ni la situation présente de ce pays ni l'état actuel des choses du côté du Danube ne peuvent être pires qu'ils ne sont. Doutât-on même du succès des tentatives dont nous croyons le résultat certain, il n'y aurait rien de mieux à faire que de les mettre à l'épreuve. Seulement, qu'on nous permette de le répéter encore, pour régénérer un peuple, il ne faut pas de demi-mesures ; et le moins qu'on puisse faire ici, c'est de donner aux Moldo-Valaques la véritable indépendance sous la suzeraineté, sinon l'indépendance entière, qui vaudrait beaucoup mieux encore. Tout ce qui serait essayé en deçà perdrait tout et ne prouverait rien.

VI.

BASES DU NOUVEL ÉTAT POLITIQUE.

Le sens général de tout ce qui précède, c'est que l'union, dans l'une des deux conditions d'indépendance que nous avons examinées, contient en germe toutes les conséquences nécessaires pour faire de la Moldo-Valachie une nation. Mais ces conséquences, nous n'avons pu les indiquer que d'une manière générale ; et pour présenter un plan complet de régénération, il faudrait entrer dans le détail de toutes les réformes que réclament les Principautés. Ce serait là, en réalité, le sujet d'un Mémoire plus étendu que ne l'est déjà celui-ci, et ce nouveau sujet exigerait de grandes études. Nous n'avons pu avoir un instant la pensée de le traiter ici. Nous aurions voulu cependant aborder sommairement quelques points capitaux ; mais plus nous avançons, plus le temps nous manque ; nous sommes donc forcé de nous réduire à un seul de ces points, et de ne le toucher qu'en courant, sous la forme, pour ainsi dire, de *post-scriptum* : il se rattache trop étroitement à toutes les considérations précédentes pour que nous le passions tout à fait sous silence.

La première condition de l'indépendance, même sous la suzeraineté, c'est un gouvernement national, et ce gouvernement prend d'autant plus d'importance dans la réunion des deux pays en un seul État. Ce gouvernement, quel sera-t-il ? Voilà la question que nous avons à résoudre en quelques mots.

N'oublions pas que nous voulons une nation forte ; pour cela, il faut un gouvernement fort, surtout quand cette nation forte n'existe pas encore et qu'il s'agit de la faire surgir.

Quiconque connaît un peu ce pays sait deux choses : premièrement, que le régime des princes électifs, soit à vie comme autrefois, et plus encore pour un temps déterminé comme aujourd'hui, a été pour les Principautés, aussi bien que pour la Pologne, une des principales causes de ruine; secondement, que dans l'état des mœurs politiques de ce pays, dans les conditions actuelles de l'élection qui est réservée aux boyards, on ne peut compter sur un bon choix; et qu'en tout cas un homme même très-heureusement choisi dans ces conditions détestables, ne saurait avoir l'autorité suffisante pour gouverner, non pas le peuple qui est très-facile à gouverner, mais ses égaux d'hier, ses rivaux d'hier et d'aujourd'hui.

Il faut donc que le principe de gouvernement soit radicalement changé dans les Principautés : dans quel sens, et comment?

Il n'y a que deux solutions possibles : ou un gouvernement positivement démocratique qui puise sa force dans l'élection la plus large possible, et qui s'appuierait sur le peuple : ou un gouvernement franchement monarchique.

Nous sommes loin de croire le premier de ces deux gouvernements impossible en Moldo-Valachie : ce que nous avons dit du peuple un peu plus haut nous donnerait confiance au contraire, — à la condition toutefois que la première élection fût préparée par un gouvernement intérimaire déjà issu d'un large suffrage, et qu'elle eût lieu à l'abri de toute influence étrangère, le pays conséquemment étant d'abord évacué par les troupes qui l'occupent. Mais, comme il n'est pas présumable que ce soit là la solution préférée dans le Congrès, nous avons plutôt à nous occuper de la seconde.

Une monarchie donc. Mais il est bien peu de boyards prêts à accepter l'un d'entre eux pour prince héréditaire et dynastique. Tout bien considéré, sa situation ne serait guère tenable, à moins, peut-être, qu'il ne dût son origine à une élection vraiment universelle, pratiquée dans les conditions que nous avons déjà mentionnées plus haut. Hors de là, son autorité serait compromise et son temps dépensé dans des luttes personnelles de chaque jour. Il ne reste donc plus qu'une seule alternative : un prince étranger, un prince appartenant de près ou de loin à quelqu'une des familles régnantes de l'Europe, choisi ou reconnu par toutes les puissances, et placé par là, en même temps que par sa seule qualité d'étranger, et, s'il se pouvait, par ses qualités personnelles, au-dessus ou en dehors des rivalités des boyards.

Mais ici plusieurs exclusions sont nécessaires. Il est clair que toutes les nations, que leurs prétentions ou leur seul voisinage désignent comme intéressées à se créer dans les Principautés des influences exclusives, doivent être mises hors de concours ; évidemment le prince héréditaire ne peut être ni turc ou grec, ni russe, ni autrichien, nous ajoutons ni même allemand, car tout Allemand deviendrait l'instrument de l'Autriche. Sans ces exclusions, tout serait perdu.

Puisqu'il faut aboutir à cette nécessité regrettable, mais bien certaine, d'un prince héréditaire étranger, remarquons tout de suite que l'union des deux Principautés en un seul État devient par là d'autant plus urgente, et, pour ainsi dire, inévitable ; et qu'en même temps la question de l'investiture et de l'hommage se trouve presque certainement tranchée. Il est évident, en effet, qu'on ne peut avoir la pensée de mettre là deux princes étrangers, côte à côte en quelque sorte dans deux moitiés d'État. Il est évident aussi que l'hommage est réduit à rien, et probablement supprimé tout à fait, en raison de l'hérédité.

Un dernier mot, un dernier vœu, en terminant cette échappée rapide sur la question du prince : L'homme qui sera chargé de régner le premier sur la Moldo-Valachie aura une grande mission à remplir, la régénération d'un peuple ! Il est bien souhaitable qu'il y apporte de grandes qualités personnelles. Dans tous les cas et quel qu'il soit, celui qui viendra, sous la garantie de l'Europe, prendre possession du nouvel État uni et affranchi, est sûr d'un bon accueil : qu'il compte sur cet accueil, qu'il s'entoure le moins possible de troupes étrangères ; que tout ce qui peut rappeler de près ou de loin les hontes de l'invasion soit écarté : c'est assez qu'il ait été étranger lui-même ; en franchissant le seuil du nouvel État, il doit cesser de l'être.

Il resterait à parler de l'assemblée représentative du pays. Nous disons l'assemblée, car il est absolument contraire aux traditions politiques du pays, comme il serait peu conforme à son état social actuel, d'en avoir deux. Mais le temps nous manque absolument pour aborder cette question.

FIN.